내맘대로 영어 독학 단어장

저 자   FL4U컨텐츠
발행인   고본화
발 행   반석출판사
2024년 4월 20일 초판 3쇄 인쇄
2024년 4월 25일 초판 3쇄 발행
반석출판사 | www.bansok.co.kr
이메일 | bansok@bansok.co.kr
블로그 | blog.naver.com/bansokbooks

07547 서울시 강서구 양천로 583. B동 1007호
(서울시 강서구 염창동 240-21번지 우림블루나인 비즈니스센터 B동 1007호)
대표전화 02) 2093-3399   **팩 스** 02) 2093-3393
출 판 부 02) 2093-3395   **영업부** 02) 2093-3396
등록번호 제315-2008-000033호

Copyright ⓒ FL4U컨텐츠

ISBN 978-89-7172-942-7 (13740)

내 맘대로
영어
독학 단어장

반석
북스

영어 공부는 왕도가 없다. 영어를 정복하고자 하는 굳은 의지와 노력이 가장 중요하다. 다른 외국어 공부도 그러하겠지만 영어 학습 역시 단어와의 싸움이다. 많은 단어를 인내심을 가지고 내 것으로 만드는 학습이 매우 중요하다 할 수 있다.

예전에 외국어를 공부하던 시절 많은 단어를 수첩에 적어놓고 반복해서 읽고 말하고 현지인과 소통하면서 내 머릿속에 차곡차곡 쌓았다. 그러던 차에, '이런 반복되는 언어 학습을 좀 더 재미있게 할 수는 없을까?' 하는 생각을 갖게 되었다. 그러다가 단어장의 단어에 그림들을 그렸고 잘 외워지지 않는 단어들을 기숙사에서 가장 잘 보이는 곳에 그림과 함께 단어 발음을 적어 붙여놓으면서 단어들을 익혀나갔다. 단순히 글로 익히는 것보다 훨씬 더 머릿속에 오래 남았다.

단어를 이미지화시켜 암기하는 방식이 단순히 글을 통해 암기하는 것보다 효과가 훨씬 크다는 것은 이미 여러 연구 자료를 통해 알려진 사실이다. 어떤 연구에 따르면 그림으로 외국어를 공부하는 것이 글로만 공부하는 것보다 10배나 효과적이라고 한다.

이런 전문적인 조사가 아니라고 해도 실제로 필자에게도 큰 효과가 있었다. 글만 나열되어 있는 단어장보다는 그림이 있는 것이 자칫 지루할 수 있는 반복 학습을 덜 지루하게 만들어주었다. 그래서 필자는 이미지를 통해 학습하는 책을 다수 저술하였고, 주위에 많은 분이 보고 쉽고 재미있게 학습했다는 평을 많이 해주어 매우 만족스러웠다.

이미 영어는 외국어라고 말하기에도 민망할 정도로 우리의 생활에서 자주 접할 수 있는 익숙한 언어이다. 그렇지만 우리는 끊임없이 영어 공부에 대한 압박에 시달린다. 영어를 잘해야 좋은 성적을 얻을 수 있고, 좋은 회사에 취업할 수 있고, 승진할 수 있다는 압박감이 영어를 어렵게 느끼게 만든다. 이 책은 멀고도 가까운 언어인 영어를 좀 더 쉽고 재미있게 공부할 수 있게 해 줄 것이다.

앞에서 얘기했듯이 언어 학습은 반복에 반복을 거듭하여 자신의 것으로 만드는 것이다. 그래서 많은 인내심을 필요로 한다. 영어를 공부하고자 하는 많은 독자들이 이 책과 함께 지치지 않고 재미있게 자신만의 방식을 찾아서 학습해나가기를 진심으로 바란다.

FL4U컨텐츠 저

목차

모든 언어 공부의 기본은 단어입니다. 말을 하고 글을 읽을 수 있으려면 단어를 알아야 하지요. 이 책은 일상생활, 여행, 비즈니스 등 주제별로 단어가 분류되어 있어 자신이 필요한 부분의 단어를 쉽게 찾아 공부할 수 있습니다.

또한 단순히 단어를 나열하기만 한 것이 아니라, 단어 옆에 이미지들을 함께 배치해 단어 공부를 더 효과적이고 즐겁게 할 수 있도록 구성하였고, 단어를 활용해 실생활에서 사용할 수 있는 대화 표현들도 함께 수록하였습니다.

초보자도 쉽게 따라 읽으며 학습할 수 있도록 영어 발음을 원음에 가깝게 한글로 표기하였고, 원어민의 정확한 발음이 실린 mp3 파일을 반석출판사 홈페이지(www.bansok.co.kr)에서 무료로 제공합니다. 이 음원은 한국어 뜻도 함께 녹음되어 있어 음원을 들으며 단어 공부하기에 아주 좋습니다.

들어가기: 기본 회화 표현
단어를 공부하기 전에 실생활에서 자주 사용되는 짧은 문장들을 짚고 넘어갑니다.

Part 1 일상생활 단어
성별, 가족관계, 직업 등 개인의 신상에 대한 표현부터 의식주, 여가 활동 등에 대한 표현까지 우리가 일상생활에서 흔히 쓰는 단어들을 정리하였습니다.

Part 2 여행 단어
여행의 순서에 따라 단계별로 단어를 정리하였으며 영어 사용권의 대표적인 관광지도 함께 실었습니다.

Part 3 비즈니스 단어
경제, 증권 등 비즈니스 분야의 전문 용어들을 수록하였습니다.

컴팩트 단어장
본문의 단어들을 우리말 뜻, 영어, 한글 발음만 표기하여 한 번 더 실었습니다. 그림과 함께 익힌 단어들을 컴팩트 단어장으로 복습해 보세요.

이 책의 활용 방법

1. 주제별로 단어를 분류하였으며 영어 단어를 이미지와 함께 효과적이고 재미있게 공부할 수 있도록 꾸몄습니다.

2. 원음에 가까운 영어 발음을 병기하여 초보자들도 좀 더 가볍게 접근할 수 있도록 구성하였습니다.

3. 한국어 뜻과 영어 단어가 모두 녹음된 mp3 파일과 QR코드가 제공됩니다. mp3 파일에는 본문 단어와 관련단어가 녹음되어 있습니다.

Unit별 QR코드
해당 Unit의 음원을 제공하는 QR코드와 함께 편리하게 학습할 수 있습니다.

관련대화
주제와 단어에 관련된 대화를 수록하여 실생활에 활용할 수 있게 하였습니다.

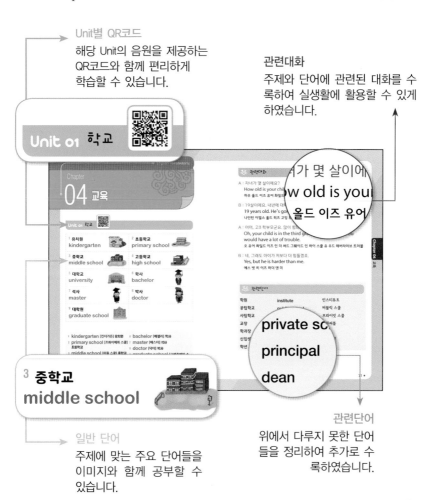

일반 단어
주제에 맞는 주요 단어들을 이미지와 함께 공부할 수 있습니다.

관련단어
위에서 다루지 못한 단어들을 정리하여 추가로 수록하였습니다.

안녕하세요!	**Hi / Hello!** 하이 / 헬로우
잘 있었니. (친한 사람끼리)	**Hi, there!** 하이 데어
휴일 잘 보내셨어요?	**Did you have a nice holiday?** 디쥬 해버 나이스 할러데이
날씨 참 좋죠?	**Beautiful weather, isn't it?** 뷰리풀 웨더 이즌닛
아니 이게 누구세요!	**Look who's here!** 룩 후즈 히어
세상 정말 좁군요.	**What a small world!** 와러 스몰 월드
여기에 어쩐 일로 오셨어요?	**What brings you here?** 왓 브링스 유 히어
우리 전에 만난 적 있지 않나요?	**We've met before, right?** 위브 멧 비포 라잍
어떻게 지내세요?	**How are you doing?** 하우 아 유 두잉
안녕, 어떻게 지내니?	**Hi, how are you?** 하이 하우 아 유

별일 없으세요?	**Anything new?** 애니씽 뉴
오늘은 좀 어떠세요?	**How do you feel today?** 하우 두 유 필 투데이
오늘 재미가 어떠세요?	**How's your day going?** 하우즈 유어 데이 고잉
어떻게 지내셨어요?	**How have you been doing?** 하우 해뷰 빈 두잉
오랜만입니다.	**Long time no see.** 롱 타임 노 씨
여전하군요.	**You haven't changed at all.** 유 해븐트 체인쥐드 앳 올
몇 년 만에 뵙는군요.	**I haven't seen you in years.** 아이 해븐트 씬 유 인 이어즈
세월 참 빠르군요.	**Time flies.** 타임 플라이즈
보고 싶었어요.	**I've missed you.** 아이브 미스트 유
가족들은 안녕하신지요?	**How's your family?** 하우즈 유어 패밀리

처음 뵙겠습니다.	**How do you do?** 하우 두 유 두
만나서 반갑습니다.	**Nice to meet you.** 나이스 투 밋츄
알게 되어 기쁩니다.	**I'm glad to know you.** 아임 글래드 투 노우 유
만나 뵙게 되어 영광입니다.	**I'm honored to meet you.** 암 아너드 투 밋츄
제가 오히려 반갑습니다.	**The pleasure is mine.** 더 플레져 이즈 마인
제 소개를 할까요?	**May I introduce myself?** 메아이 인트러듀스 마이셀프
제 소개를 하겠습니다.	**Let me introduce myself.** 렛 미 인트러듀스 마이셀프
저는 부모님과 함께 삽니다.	**I live with my parents.** 아이 리브 윗 마이 페어런츠
전 장남입니다.	**I'm the oldest son.** 아임 더 올디스트 썬
전 맏딸입니다.	**I'm the oldest daughter.** 아임 디 올디스트 도러
전 독신입니다.	**I'm single.** 아임 씽글

두 분 서로 인사 나누셨어요?	**Have you met each other?** 해뷰 멧 이취 아더
김 씨, 밀러 씨와 인사 나누세요.	**Mr. Kim, meet Mr. Miller.** 미스터 킴 밋 미스터 밀러
만나서 매우 반가웠습니다.	**I was very glad to meet you.** 아이 워즈 베뤼 글래드 투 밋츄
전에 한번 뵌 적이 있는 것 같습니다.	**I think I've seen you before.** 아이 씽 아이브 씬 유 비포
고향이 어디십니까?	**Where are you from?** 웨어라 유 프럼
말씀 많이 들었습니다.	**I've heard so much about you.** 아이브 허드 쏘 머취 어바웃츄
만나 뵙고 싶었습니다.	**I wanted to see you.** 아이 워니드 투 씨 유
이건 제 명함입니다.	**This is my business card.** 디씨즈 마이 비즈니스 카드
국적이 어디시죠?	**What's your nationality?** 왓츄어 내셔낼러티

잘 자요!	**Good night!** 굿 나잍
좋은 꿈 꾸세요!	**Sweet dreams!** 스윗 드림스
안녕히 가세요.	**Good bye. / Bye.** 굿바이　　　　바이
다음에 뵙겠습니다.	**See you later.** 씨 유 레이러
그럼, 이만.	**So long.** 쏘 롱
그래요. 그럼 그때 뵐게요.	**O.K. I'll see you then.** 오케이 아일 씨 유 덴
재미있는 시간 보내세요.	**Have a good time.** 해버 굿 타임
안녕히 계세요(살펴 가세요).	**Take care.** 테익 케어
재미있게 보내!	**Enjoy yourself!** 인죠이 유어셀프
조만간에 한번 만납시다.	**Let's get together soon.** 렛츠 겟 투게더 쑨
떠나려고 하니 아쉽습니다.	**I'm sorry that I have to go.** 아임 쏘리 댓 아이 해브 투 고

가봐야 할 것 같네요.	**(I'm afraid) I have to go now.** (아임 어프레이드) 아이 해브 투 고 나우
이제 가봐야겠습니다.	**I must be going now.** 아이 머슷 비 고잉 나우
미안하지만, 제가 좀 급해요.	**I'm sorry, but I'm in a hurry.** 아임 쏘뤼 벗 아임 이너 허리
정말로 식사 잘 했습니다.	**I really enjoyed the meal.** 아이 뤼리 인죠이드 더 밀
방문해 주셔서 고맙습니다.	**Thank you for coming.** 땡큐 포 커밍
오늘 밤 재미있었어요?	**Did you have fun tonight?** 디쥬 해브 펀 투나잍
제가 차로 바래다 드릴까요?	**Can I give you a lift?** 캔 아이 기뷰어 립트
가끔 전화 주세요.	**Please call me any time.** 플리즈 콜 미 애니 타임
그에게 안부 전해 주세요.	**Say hello to him for me.** 세이 헬로우 투 힘 포 미

감사합니다.	**Thank you. / Thanks.** 땡큐　　　　　땡스
대단히 감사합니다.	**Thanks a lot.** 땡스 어 랏
진심으로 감사드립니다.	**I heartily thank you.** 아이 하틸리 땡큐
여러모로 감사드립니다.	**Thank you for everything.** 땡큐 포 에브리씽
어떻게 감사를 드려야 할지 모르겠어요.	**How can I ever thank you?** 하우 캔 아이 에버 땡큐
어쨌든 감사합니다.	**Thank you anyway.** 땡큐 에니웨이
큰 도움이 되었어요.	**You've been a great help.** 유브 비너 그레잇 헬프
정말 감사드립니다.	**I appreciate it very much.** 아이 어프리쉬에이릿 베뤼 머취
동반해 주셔서 즐겁습니다.	**I enjoy your company.** 아이 인죠이 유어 컴퍼니
자, 선물 받으세요.	**Here's something for you.** 히어즈 썸씽 포 유

당신에게 줄 조그만 선물입니다.

I have a small gift for you.
아이 해버 스몰 깁트 포 유

당신께 신세를 많이 졌어요.

I owe you so much.
아이 오우 유 쏘 머취

제가 갖고 싶었던 거예요.

This is just what I wanted.
디씨즈 저슷 와라이 원티드

정말 사려 깊으시군요.

How thoughtful of you!
하우 쏘웃풀 어뷰

천만에요.

You're welcome.
유어 웰컴

원 별말씀을요.

Don't mention it.
돈 멘셔닛

그렇게 말씀해 주시니 고맙습니다.

It's very nice of you to say so.
잇츠 베뤼 나이스 어뷰 투 쎄이 쏘

제가 오히려 즐거웠습니다.

The pleasure's all mine.
더 플레져스 올 마인

대단한 일도 아닙니다.

No big deal.
노 빅 딜

저한테 감사할 것 없어요.

No need to thank me.
노 니드 투 쌩크 미

실례합니다(미안합니다). **Excuse me.**
익스큐즈 미

내 잘못이었어요. **It was my fault.**
잇 워즈 마이 폴트

미안합니다. **I'm sorry.**
아임 쏘뤼

정말 죄송합니다. **I'm really sorry.**
아임 륄리 쏘뤼

당신에게 사과드립니다. **I apologize to you.**
아이 어팔러좌이즈 투 유

여러 가지로 죄송합니다. **I'm sorry for everything.**
아임 쏘뤼 포 에브리씽

늦어서 미안합니다. **I'm sorry. I'm late.**
아임 쏘뤼   아임 레잍

그 일에 대해서 미안하게 생각하고 있습니다. **I feel sorry about it.**
아이 필 쏘뤼 어바우릿

얼마나 죄송한지 몰라요. **I can't tell you how sorry I am.**
아이 캔트 텔 유 하우 쏘뤼 아이 앰

한번 봐 주십시오. **Have a big heart, please.**
해버 빅 하트 플리즈

기분을 상하게 해드리지는 않았는지 모르겠네요.	**I hope I didn't offend you.** 아이 호파이 디든트 오펜듀
폐를 끼쳐서 죄송합니다.	**I'm sorry to disturb you.** 아임 쏘뤼 투 디스터뷰
실수에 대해 사과드립니다.	**I apologize for the mistake.** 아이 어팔러좌이즈 포 더 미스테익
미안해요, 어쩔 수 없었어요.	**I'm sorry, I couldn't help it.** 아임 쏘뤼 아이 쿠든트 헬핏
고의가 아닙니다.	**I didn't mean it at all.** 아이 디든트 미닛 앳 올
용서해 주십시오.	**Please forgive me.** 플리즈 포깁 미
저의 사과를 받아 주세요.	**Please accept my apology.** 플리즈 억셉트 마이 어팔러쥐
다시는 그런 일 없을 겁니다.	**It won't happen again.** 잇 워운트 해픈 어겐
괜찮습니다.	**That's all right.** 댓츠 올 롸잍
까짓 것 문제될 것 없습니다.	**No problem.** 노 프라블럼

Part 1

일상생활
단어

Chapter 01 개인소개

Unit 01 성별, 노소

1 여자 woman	**2 남자** man	**3 노인** elderly person
4 중년 middle age	**5 소년** boy	**6 소녀** girl
7 청소년 adolescent	**8 임산부** pregnant woman	
9 어린이 child	**10 미취학 아동** preschooler	**11 아기** baby

1 **woman** [워먼] **여자**
2 **man** [맨] **남자**
3 **elderly person** [앨들리 펄슨] **노인**
4 **middle age** [미들 에이쥐] **중년**
5 **boy** [보이] **소년**
6 **girl** [걸] **소녀**

7 **adolescent** [애들레슨트] **청소년**
8 **pregnant woman** [프레그넌 워먼] **임산부**
9 **child** [촤일드] **어린이**
10 **preschooler** [프리스쿨러] **미취학 아동**
11 **baby** [베이비] **아기**

Unit 02 가족

친가

1 친할아버지 paternal grandfather		**2 친할머니** paternal grandmother	
3 고모 aunt		**4 고모부** uncle	
5 큰아버지 uncle		**6 큰어머니** aunt	
7 작은아버지(삼촌) uncle		**8 숙모** aunt	
9 아버지(아빠) father, dad		**10 어머니(엄마)** mother, mom	
11 사촌형/사촌오빠/ 사촌남동생 cousin		**12 사촌누나/사촌언니/ 사촌여동생** cousin	

1 **paternal grandfather** [퍼터널 그랜파더] 친할아버지

2 **paternal grandmother** [퍼터널 그랜마더] 친할머니

3 **aunt** [앤트] 고모

4 **uncle** [엉클] 고모부

5 **uncle** [엉클] 큰아버지

6 **aunt** [앤트] 큰어머니

7 **uncle** [엉클] 작은아버지(삼촌)

8 **aunt** [앤트] 숙모

9 **father, dad** [파더, 댇] 아버지(아빠)

10 **mother, mom** [마더, 맘] 어머니(엄마)

11 **cousin** [커즌] 사촌형/사촌오빠/사촌남동생

12 **cousin** [커즌] 사촌누나/사촌언니/사촌여동생

외가

1 **외할아버지** maternal grandfather	2 **외할머니** maternal grandmother
3 **외삼촌** uncle	4 **외숙모** aunt
5 **이모** aunt	6 **이모부** uncle
7 **어머니(엄마)** mother, mom	8 **아버지(아빠)** father, dad
9 **사촌형/사촌오빠/사촌남동생** cousin	10 **사촌누나/사촌언니/사촌여동생** cousin

가족

11 **아버지(아빠)** father, dad	12 **어머니(엄마)** mother, mom

1 **maternal grandfather** [머터널 그랜파더] 외할아버지

2 **maternal grandmother** [머터널 그랜마더] 외할머니

3 **uncle** [엉클] 외삼촌

4 **aunt** [앤트] 외숙모

5 **aunt** [앤트] 이모

6 **uncle** [엉클] 이모부

7 **mother, mom** [마더, 맘] 어머니(엄마)

8 **father, dad** [파더, 댄] 아버지(아빠)

9 **cousin** [커즌] 사촌형/사촌오빠/사촌남동생

10 **cousin** [커즌] 사촌누나/사촌언니/사촌여동생

11 **father, dad** [파더, 댄] 아버지(아빠)

12 **mother, mom** [마더, 맘] 어머니(엄마)

1 언니/누나 elder sister	**2 형부/매형/매부** brother-in-law
3 오빠/형 elder brother	**4 새언니/형수** sister-in-law
5 남동생 younger brother	**6 제수/올케** sister-in-law
7 여동생 younger sister	**8 제부/매제** brother-in-law
9 나(부인) I(wife)	**10 남편** husband
11 여자조카 niece	**12 남자조카** nephew
13 아들 son	**14 며느리** daughter-in-law

1 **elder sister** [엘더 시스터] 언니/누나
2 **brother-in-law** [브라더인러] 형부/매형/매부
3 **elder brother** [엘더 브라더] 오빠/형
4 **sister-in-law** [시스터인러] 새언니/형수
5 **younger brother** [영거 브라더] 남동생
6 **sister-in-law** [시스터인러] 제수/올케
7 **younger sister** [영거 시스터] 여동생
8 **brother-in-law** [브라더인러] 제부/매제
9 **I(wife)** [아이(와잎)] 나(부인)
10 **husband** [허즈번디] 남편
11 **niece** [니스] 여자조카
12 **nephew** [네퓨] 남자조카
13 **son** [썬] 아들
14 **daughter-in-law** [도러인러] 며느리

1 딸 daughter	2 사위 son-in-law
3 손자 grandson	4 손녀 granddaughter

💕 관련대화

A : 가족이 몇 명이에요?
How many people are there in your family?
하우 매니 피플 아 데어 인 유어 패밀리

B : 저의 가족은 다섯 명이에요.
There are five in my family.
데어 아 파이브 인 마이 패밀리

A : 가족이 많군요. 형제자매는 많으면 많을수록 좋은 거 같아요.
You have a large family. The more siblings you have, the better.
유 해버 라지 패밀리 더 모어 시블링즈 유 햅 더 베러

B : 네 맞아요. 저도 그렇게 생각해요.
Yes. I think so, too
예스 아이 씽 쏘 투

1 **daughter** [도러] 딸
2 **son-in-law** [썬인러] 사위
3 **grandson** [그랜썬] 손자
4 **granddaughter** [그랜도러] 손녀

🐾 관련단어

외동딸	only daughter	온니 도러
외동아들	only son	온니 썬
결혼하다	marry	매뤼
이혼하다	divorce	디보스
신부	bride	브라이드
신랑	bridegroom	브라이드그룸
면사포	wedding veil	웨딩 베일
약혼	engagement	인게이쥐먼트
독신주의자	celibate	셀러빹
과부	widow	위도우
기념일	anniversary	애니버쩌뤼
친척	relative	뤨러티브

1 태어나다 be born	2 백일 one hundredth day
3 돌잔치 first-birthday party	4 유년시절 childhood
5 학창시절 one's school days	6 첫눈에 반하다 love at first sight
7 삼각관계 eternal triangle	8 이상형 ideal type
9 사귀다 go out	10 연인 sweetheart
11 여자친구 girlfriend	12 남자친구 boyfriend
13 이별 breakup	14 재회 reunite

1 **be born** [비 본] 태어나다
2 **one hundredth day** [원 헌드래쓰 데이] 백일
3 **first-birthday party** [펄스트 벌쓰데이 파리] 돌잔치
4 **childhood** [촤일드후드] 유년시절
5 **one's school days** [원스 스쿨 데이스] 학창시절
6 **love at first sight** [러브 앳 펄스트 싸잍] 첫눈에 반하다
7 **eternal triangle** [이터널 트라이앵글] 삼각관계
8 **ideal type** [아이디얼 타잎] 이상형
9 **go out** [고 아웃] 사귀다
10 **sweetheart** [스윗할트] 연인
11 **girlfriend** [걸프렌드] 여자친구
12 **boyfriend** [보이프렌드] 남자친구
13 **breakup** [브레이컵] 이별
14 **reunite** [뤼유나이트] 재회

1 **청혼** propose	2 **약혼하다** get engaged
3 **결혼하다** marry	4 **신혼여행** honeymoon
5 **임신** pregnancy	6 **출산** birth
7 **득남하다** have a baby boy	8 **득녀하다** have a baby girl
9 **육아** parenting	10 **학부모** parents
11 **유언** will	12 **사망** death
13 **장례식** funeral	14 **천국에 가다** go to Heaven

1 **propose** [프러포우즈] 청혼
2 **get engaged** [겟 인게이쥐드] 약혼하다
3 **marry** [매뤼] 결혼하다
4 **honeymoon** [허니문] 신혼여행
5 **pregnancy** [프레그넌씨] 임신
6 **birth** [벌쓰] 출산
7 **have a baby boy** [해버 베이비 보이] 득남하다
8 **have a baby girl** [해버 베이비 걸] 득녀하다
9 **parenting** [페어런팅] 육아
10 **parents** [페어런츠] 학부모
11 **will** [윌] 유언
12 **death** [데쓰] 사망
13 **funeral** [퓨너럴] 장례식
14 **go to Heaven** [고 투 헤븐] 천국에 가다

A : 제임스 씨는 살면서 언제가 제일 행복했나요?

James, when was the happiest time in your life?

제임스 웬 워즈 더 해피스트 타임 인 유어 라잎

B : 어렸을 때 바닷가 근처에 살았는데 그때가 가장 행복했어요.

When I was a child, I lived by the sea. At that time I had the happiest time in my life.

웬 아이 워즈 어 촤일드 아이 립트 바이 더 씨 앳 댓 타임 아이 해드 더 해피스트 타임 인 마이 라잎

🫶 관련단어

어린 시절	childhood	촤일드후드
미망인	widow	위도우
홀아비	widower	위도워
젊은	young	영
늙은	old	올드

Unit 04 직업

1 간호사 nurse	2 약사 pharmacist
3 의사 doctor	4 가이드 guide
5 선생님/교사 teacher	6 교수 professor
7 가수 singer	8 음악가 musician
9 화가 painter	10 소방관 fire fighter
11 경찰관 police officer	12 공무원 civil servant
13 요리사 cook	14 디자이너 designer

1 **nurse** [널스] 간호사
2 **pharmacist** [파머씨스트] 약사
3 **doctor** [닥터] 의사
4 **guide** [가이드] 가이드
5 **teacher** [티쳐] 선생님/교사
6 **professor** [프로페써] 교수
7 **singer** [씽어] 가수
8 **musician** [뮤지션] 음악가
9 **painter** [페인터] 화가
10 **fire fighter** [파이어 파이터] 소방관
11 **police officer** [폴리스 오피서] 경찰관
12 **civil servant** [씨빌 써번트] 공무원
13 **cook** [쿡] 요리사
14 **designer** [디자이너] 디자이너

1 승무원 flight attendant	**2 판사** judge
3 검사 prosecutor	**4 변호사** lawyer
5 사업가 businessman	**6 회사원** company employee

7 학생 student	**8 운전기사** driver	**9 농부** farmer
10 가정주부 housewife	**11 작가** writer	**12 정치가** politician

13 세일즈맨 salesman	**14 미용사** hairdresser
15 군인 soldier	**16 은행원** bank clerk

1 **flight attendant** [플라잇 어텐던트] 승무원
2 **judge** [져지] 판사
3 **prosecutor** [프로씨큐터] 검사
4 **lawyer** [러여] 변호사
5 **businessman** [비즈니스맨] 사업가
6 **company employee** [컴퍼니 임플로이] 회사원
7 **student** [스튜든트] 학생
8 **driver** [드라이버] 운전기사
9 **farmer** [파머] 농부
10 **housewife** [하우스와잎] 가정주부
11 **writer** [롸이러] 작가
12 **politician** [폴리티션] 정치가
13 **salesman** [쎄일즈맨] 세일즈맨
14 **hairdresser** [헤어드레서] 미용사
15 **soldier** [솔져] 군인
16 **bank clerk** [뱅클럭] 은행원

1 엔지니어 engineer	2 통역원 interpreter	
3 비서 secretary	4 회계사 accountant	
5 이발사 barber	6 배관공 plumber	7 수의사 veterinarian
8 건축가 architect	9 편집자 editor	10 성직자 cleric
11 심리상담사 psychology counselor	12 형사 police detective	
13 방송국 PD producer	14 카메라맨 cameraman	
15 예술가 artist	16 영화감독 film director	

1 **engineer** [엔지니어] 엔지니어
2 **interpreter** [인터프리러] 통역원
3 **secretary** [쎄크리터뤼] 비서
4 **accountant** [어카운턴트] 회계사
5 **barber** [바버] 이발사
6 **plumber** [플러머] 배관공
7 **veterinarian** [베터내리언] 수의사
8 **architect** [아키텍트] 건축가
9 **editor** [에디더] 편집자
10 **cleric** [클레뤽] 성직자
11 **psychology counselor** [사이컬러지 카운슬러] 심리상담사
12 **police detective** [폴리스 디텍티브] 형사
13 **producer** [프로듀써] 방송국 PD
14 **cameraman** [캐머러맨] 카메라맨
15 **artist** [아리스트] 예술가
16 **film director** [퓜 디뤡터] 영화감독

1 영화배우 film actor		2 운동선수 athlete	
3 목수 carpenter		4 프리랜서 freelancer	

관련대화

A : 당신의 직업은 무엇입니까?
What's your occupation?
왓츠 유어 어큐페이션

B : 저는 작가입니다.
I am a writer.
아임 어 롸이러

A : 어느 분야의 글을 쓰세요?
What kind of writing do you write?
왓 카인덥 롸이링 두 유 롸잍

B : 어린이 동화책을 쓰고 있어요.
I write children's story books.
아이 롸잇 췰드런스토리 북스

---

1 **film actor** [퓜 액터] 영화배우   3 **carpenter** [카펜터] 목수
2 **athlete** [애쓸맅] 운동선수   4 **freelancer** [프리랜써] 프리랜서

Unit 05 별자리

1 양자리 **Aries**	2 황소자리 **Taurus**	3 쌍둥이자리 **Gemini**
4 게자리 **Cancer**	5 사자자리 **Leo**	6 처녀자리 **Virgo**
7 천칭자리 **Libra**	8 전갈자리 **Scorpio**	9 사수자리 **Sagittarius**
10 염소자리 **Capricorn**	11 물병자리 **Aquarius**	12 물고기자리 **Pisces**

관련대화

A : 별자리가 어떻게 되세요?
What's your sign?
왓츠 유어 싸인

B : 제 별자리는 처녀자리입니다.
I'm a Virgo.
아임 어 버고

1 **Aries** [에뤼스] 양자리
2 **Taurus** [토러스] 황소자리
3 **Gemini** [져미나이] 쌍둥이자리
4 **Cancer** [캔써] 게자리
5 **Leo** [리오] 사자자리
6 **Virgo** [버고] 처녀자리

7 **Libra** [리브러] 천칭자리
8 **Scorpio** [스콜피오] 전갈자리
9 **Sagittarius** [사지테뤼어스] 사수자리
10 **Capricorn** [캐프뤼콘] 염소자리
11 **Aquarius** [어쿼뤼어스] 물병자리
12 **Pisces** [파이씨스] 물고기자리

1 **A형**	2 **B형**	3 **O형**	4 **AB형**
type A	type B	type O	type AB

관련대화

A : 혈액형이 뭐예요?
  What's your blood type?
  왓츠 유어 블러드 타잎

B : 저는 O형입니다.
  I am type O.
  아임 타입 오

관련단어

피	blood	블러드
헌혈	blood donation	블러드 도네이션
혈소판	thrombocyte	쓰람버싸잍
혈관	blood vessel	블러드 베쓸
적혈구	red blood cell	뤠드 블러드 쎌

1 **type A** [타입 에이] **A형**   3 **type O** [타입 오] **O형**
2 **type B** [타입 비] **B형**   4 **type AB** [타입 에이비] **AB형**

Unit 07 탄생석

1 가넷 garnet	2 자수정 violet quartz	3 아쿠아마린 aquamarine
4 다이아몬드 diamond	5 에메랄드 emerald	6 진주 pearl
7 루비 ruby	8 페리도트 peridot	9 사파이어 sapphire
10 오팔 opal	11 토파즈 topaz	12 터키석 turquoise

관련대화

A : 탄생석이 뭐예요?
What is your birthstone?
왓 이즈 유어 벌쓰스톤

B : 제 탄생석은 사파이어입니다.
My birthstone is sapphire.
마이 벌쓰스톤 이즈 싸파이어

1 **garnet** [가닡] 가넷
2 **violet quartz** [바이얼럿 쿼츠] 자수정
3 **aquamarine** [아쿼마륀] 아쿠아마린
4 **diamond** [다이어먼드] 다이아몬드
5 **emerald** [에머럴드] 에메랄드
6 **pearl** [펄] 진주
7 **ruby** [루비] 루비
8 **peridot** [페러닷트] 페리도트
9 **sapphire** [싸파이어] 사파이어
10 **opal** [오우플] 오팔
11 **topaz** [토패즈] 토파즈
12 **turquoise** [터케이즈] 터키석

1 명랑한 cheerful		**2 상냥한** tender	
3 친절한 kind		**4 당당한** confident	
5 야무진 hard		**6 고상한** noble	
7 대범한 free-hearted		**8 눈치가 빠른** ready-witted	
9 솔직한 straightforward		**10 적극적인** active	
11 사교적인 sociable		**12 꼼꼼한** meticulous	
13 덜렁거리는 clumsy		**14 겁이 많은** cowardly	

1 **cheerful** [취어풀] 명랑한
2 **tender** [텐더] 상냥한
3 **kind** [카인드] 친절한
4 **confident** [컨피던트] 당당한
5 **hard** [하드] 야무진
6 **noble** [노블] 고상한
7 **free-hearted** [프리허디드] 대범한
8 **ready-witted** [뤠디위디드] 눈치가 빠른

9 **straightforward** [스트레잇포워드] 솔직한
10 **active** [액티브] 적극적인
11 **sociable** [쏘셔블] 사교적인
12 **meticulous** [머티큘러스] 꼼꼼한
13 **clumsy** [클럼지] 덜렁거리는
14 **cowardly** [코워들리] 겁이 많은

1 보수적인 conservative		2 개방적인 open	
3 뻔뻔한 brazen		4 심술궂은 bad-tempered	
5 긍정적인 positive		6 부정적인 negative	
7 다혈질인 hot-tempered		8 냉정한 cold	
9 허풍 떠는 bragging		10 소심한 timid	
11 소극적인 passive		12 너그러운 generous	
13 겸손한 modest		14 진실된 truthful	

1 **conservative** [컨서버티브] 보수적인
2 **open** [오픈] 개방적인
3 **brazen** [브레이즌] 뻔뻔한
4 **bad-tempered** [배드템퍼드] 심술궂은
5 **positive** [파저티브] 긍정적인
6 **negative** [네거티브] 부정적인
7 **hot-tempered** [핫템퍼드] 다혈질인
8 **cold** [코울드] 냉정한
9 **bragging** [브래깅] 허풍 떠는
10 **timid** [티미드] 소심한
11 **passive** [패시브] 소극적인
12 **generous** [줴너러스] 너그러운
13 **modest** [마디스트] 겸손한
14 **truthful** [트루쓰풀] 진실된

1 동정심이 많은 sympathetic		2 인정이 많은 kindhearted	
3 버릇없는 ill-mannered		4 잔인한 brutal	
5 거만한 proud		6 유치한 childish	
7 내성적인 introverted		8 외향적인 extroverted	

🎵 관련대화

A : 성격이 어떠세요?

What kind of personality do you have?

왓 카인덥 퍼스낼러티 두 유 해브

B : 저는 명랑해요.

I am cheerful.

아이 앰 취어풀

---

1 **sympathetic** [씸퍼쎄릭] 동정심이 많은
2 **kindhearted** [카인허디드] 인정이 많은
3 **ill-mannered** [일매너드] 버릇없는
4 **brutal** [부르를] 잔인한
5 **proud** [프라우드] 거만한
6 **childish** [촤일디쉬] 유치한
7 **introverted** [인트로버디드] 내성적인
8 **extroverted** [엑스트로버디드] 외향적인

💕 관련단어

성향	tendency	텐던씨
기질	disposition	디스포지션
울화통	pent-up anger	펜텁 앵거
성격	character	캐릭터
인격	personality	퍼스낼리티
태도	attitude	애리튜드
관계	relationship	릴레이션쉽
말투	one's way of talking	원스 웨이 업 토킹
표준어	standard language	스탠다드 랭귀지
사투리	dialect	다이얼렉트

입장 바꿔 생각하다
be in a person's skin
비 인 어 퍼슨스킨

1 **천주교** Roman Catholicism	2 **기독교** Christianity
3 **불교** Buddhism	4 **이슬람교** Islam
5 **유대교** Judaism	6 **무교** irreligion

관련대화

A : 종교가 어떻게 되세요?
   What is your religion?
   왓 이즈 유어 릴리젼

B : 저는 천주교 신자예요.
   I am a Catholic.
   아임 어 캐톨릭

A : 어머, 저랑 같네요.
   Oh, it's like me.
   오 잇츠 라익 미

---

1 **Roman Catholicism** [로만 캐톨 릭시즘] **천주교**
2 **Christianity** [크리스차니디] **기독교**
3 **Buddhism** [붓디즘] **불교**
4 **Islam** [이슬람] **이슬람교**
5 **Judaism** [주대이즘] **유대교**
6 **irreligion** [이륄리젼] **무교**

관련단어

성당	Catholic church	캐톨릭 춸취
교회	church	춸취
절	Buddhist temple	부디스트 템플
성서/성경	Bible	바이블
경전	Scriptures	스크립춰스
윤회, 환생	reincarnation	뤼인카네이션
전생	previous existence	프리비어스 이그지스턴스
성모마리아	the Virgin Mary	더 버진 매어뤼
예수	Jesus	지져스
불상	statue of the Buddha	스태튜 업 더 부다
부처	Buddha	부다
종교	religion	륄리젼
신부	priest	프뤼스트
수녀	nun	넌
승려	monk	몽크
목사	pastor	패스터

Chapter

02 신체

Unit 01 신체명

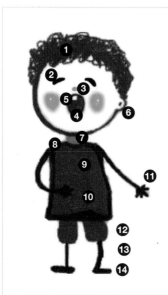

1 ① 머리 head	2 ② 눈 eye	3 ③ 코 nose
4 ④ 입 mouth	5 ⑤ 이 tooth	6 ⑥ 귀 ear
7 ⑦ 목 neck	8 ⑧ 어깨 shoulder	9 ⑨ 가슴 chest
10 ⑩ 배 stomach	11 ⑪ 손 hand	12 ⑫ 다리 leg
13 ⑬ 무릎 knee	14 ⑭ 발 foot	

1 **head** [헤드] 머리
2 **eye** [아이] 눈
3 **nose** [노우즈] 코
4 **mouth** [마우쓰] 입
5 **tooth** [투쓰] 이
6 **ear** [이어] 귀
7 **neck** [넥] 목
8 **shoulder** [숄더] 어깨
9 **chest** [췌스트] 가슴
10 **stomach** [스터먹] 배
11 **hand** [핸드] 손
12 **leg** [레그] 다리
13 **knee** [니] 무릎
14 **foot** [풋] 발

1 ① 등 back	2 ② 머리카락 hair
3 ③ 팔 arm	4 ④ 허리 waist
5 ⑤ 엉덩이 hip	6 ⑥ 발목 ankle
7 ① 턱수염 beard	8 ② 구레나룻 sideburn
9 ③ 눈꺼풀 eyelid	10 ④ 콧구멍 nostril
11 ⑤ 턱 jaw	12 ⑥ 눈동자 pupil
13 목구멍 throat	14 ⑦ 볼/뺨 cheek

1 **back** [백] 등
2 **hair** [헤어] 머리카락
3 **arm** [암] 팔
4 **waist** [웨이스트] 허리
5 **hip** [힙] 엉덩이
6 **ankle** [앵클] 발목
7 **beard** [비어드] 턱수염

8 **sideburn** [사이드번] 구레나룻
9 **eyelid** [아이리드] 눈꺼풀
10 **nostril** [너스트럴] 콧구멍
11 **jaw** [줘] 턱
12 **pupil** [퓨플] 눈동자
13 **throat** [쓰롯] 목구멍
14 **cheek** [췩] 볼/뺨

1 ⑧ 배꼽 navel	2 ⑨ 손톱 nail	3 ⑩ 손목 wrist	4 ⑪ 손바닥 palm
5 ⑫ 혀 tongue	6 ⑬ 피부 skin	7 ⑭ 팔꿈치 elbow	

8 ① 갈비뼈 rib	9 ② 고막 eardrum
10 ③ 달팽이관 cochlea	11 ④ 뇌 brain
12 ⑤ 폐 lung	13 ⑥ 간 liver
14 ⑦ 심장 heart	15 ⑧ 다리뼈 leg bone

16 ⑨ 근육 muscle	17 ⑩ 위 stomach	18 ⑪ 대장 large intestine	19 ⑫ 식도 gullet

1 **navel** [네이블] 배꼽
2 **nail** [네일] 손톱
3 **wrist** [뤼스트] 손목
4 **palm** [팜] 손바닥
5 **tongue** [텅] 혀
6 **skin** [스킨] 피부
7 **elbow** [엘보우] 팔꿈치
8 **rib** [립] 갈비뼈
9 **eardrum** [이어드럼] 고막
10 **cochlea** [카클리어] 달팽이관
11 **brain** [브레인] 뇌
12 **lung** [렁] 폐
13 **liver** [리버] 간
14 **heart** [할트] 심장
15 **leg bone** [레그 본] 다리뼈
16 **muscle** [머쓸] 근육
17 **stomach** [스터먹] 위
18 **large intestine** [라진테스틴] 대장
19 **gullet** [걸럿] 식도

관련대화

A : 어디 불편하세요?

Is there something wrong?

이즈 데어 썸씽 륑

B : 머리가 아파요.

I have a headache.

아이 해버 헤데잌

A : 아픈 지 얼마나 되셨어요?

How long have you been sick?

하우 롱 해뷰 빈 씩

B : 한 시간 정도 된 거 같아요.

It's been an hour.

잇츠 비넌 아우어

관련단어

건강한	healthy	헬씨
근시	near-sightedness	니어 싸이티드니스
난시	astigmatism	어스티그머티즘
대머리	bald head	볼드헤드
동맥	artery	아터뤼
정맥	vein	베인
맥박	pulse	펄스
체중	weight	웨잍
세포	cell	쎌
소화하다	digest	다이제스트

시력	eyesight	아이싸잍
주름살	wrinkles	륑클스
지문	fingerprint	핑거프린트

호랑이 굴에 들어가야
호랑이를 잡는다.
**Nothing ventured,
nothing gained.**
낫씽 벤춰드 낫씽 게인드

1 **천식** asthma	2 **고혈압** high blood pressure
3 **소화불량** indigestion 	4 **당뇨병** diabetes
5 **생리통** menstrual pain	6 **알레르기** allergy
7 **심장병** heart disease	8 **맹장염** appendicitis
9 **위염** gastritis	10 **배탈** stomachache

11 **감기** cold	12 **설사** diarrhea	13 **장티푸스** typhoid

14 **결핵** tuberculosis	15 **고산병** mountain sickness

1 **asthma** [애즈머] 천식
2 **high blood pressure** [하이 블러드 프뤠셔] 고혈압
3 **indigestion** [인디제스쳔] 소화불량
4 **diabetes** [다이아비디스] 당뇨병
5 **menstrual pain** [멘스트럴 페인] 생리통
6 **allergy** [앨러쥐] 알레르기
7 **heart disease** [할트 디지스] 심장병

8 **appendicitis** [어펜디사이티스] 맹장염
9 **gastritis** [게스트롸이티스] 위염
10 **stomachache** [스터머케이크] 배탈
11 **cold** [코울드] 감기
12 **diarrhea** [다이어리어] 설사
13 **typhoid** [타이포이드] 장티푸스
14 **tuberculosis** [투버큘러시스] 결핵
15 **mountain sickness** [마운튼 씩니스] 고산병

1 **광견병** rabies		2 **뎅기열** dengue fever	
3 **저체온증** hypothermia		4 **폐렴** pneumonia	
5 **식중독** food poisoning		6 **기관지염** bronchitis	
7 **열사병** heatstroke		8 **치통** toothache	
9 **간염** hepatitis		10 **고열** high fever	
11 **골절** fracture		12 **기억상실증** amnesia	

13 **뇌졸중** apoplexy		14 **독감** flu		15 **두통** headache	

1 **rabies** [뤠이비스] **광견병**

2 **dengue fever** [뎅기 피버] **뎅기열**

3 **hypothermia** [하이포써미아] **저체온증**

4 **pneumonia** [누모우니아] **폐렴**

5 **food poisoning** [푸드 포이즈닝] **식중독**

6 **bronchitis** [브랑카이디스] **기관지염**

7 **heatstroke** [힛스트록] **열사병**

8 **toothache** [투쎄읷] **치통**

9 **hepatitis** [해퍼타이디스] **간염**

10 **high fever** [하이 피버] **고열**

11 **fracture** [프랙춰] **골절**

12 **amnesia** [앰니지아] **기억상실증**

13 **apoplexy** [애퍼플렉씨] **뇌졸중**

14 **flu** [플루] **독감**

15 **headache** [헤데읷] **두통**

1 마약중독 drug addiction		**2 불면증** insomnia	
3 비만 obesity	**4 거식증** anorexia	**5 우두** cowpox	
6 암 cancer	**7 천연두** smallpox	**8 빈혈** anemia	

🫀 관련대화

A : 요즘은 불면증으로 너무 힘들어요.

　I am so tired of insomnia these days.

　아이 앰 쏘 타이어드 업 인썸니아 디즈 데이즈

B : 저도 그런데 밤마다 우유를 따뜻하게 데워 먹어보세요.

　Me too. Eat warm milk every night.

　미 투 잇 웜 밀크 에브뤼 나잍

A : 좋은 정보 고마워요.

　Thanks for the good information.

　쌩쓰 포 더 굿 인포메이션

---

1 **drug addiction** [드럭 애딕션] **마약중독**

2 **insomnia** [인썸니아] **불면증**

3 **obesity** [오비써티] **비만**

4 **anorexia** [애너뤽시아] **거식증**

5 **cowpox** [카우팍스] **우두**

6 **cancer** [캔써] **암**

7 **smallpox** [스몰팍스] **천연두**

8 **anemia** [어니미아] **빈혈**

가래	phlegm	플렘
침	spit	스핕
열	fever	피버
여드름	pimple	핌플
블랙헤드	blackhead	블랙헤드
알레르기 피부	allergic skin	앨러직 스킨
콧물이 나오다	have a runny nose	해버 뤄니 노우즈
눈물	tear	티어
눈곱	sleep	슬맆
치질	hemorrhoids	해머로이즈
모공	pore	포어
각질	dead skin cell	데드 스킨 쎌
피지	sebum	씨범
코딱지	booger	부거

Unit 03 약명

1 **아스피린** aspirin	2 **소화제** digestive medicine
3 **제산제** antacid	4 **반창고** adhesive bandage
5 **수면제** sleeping pill	6 **진통제** pain reliever / analgesic
7 **해열제** fever reducer / antipyretic	8 **멀미약** motion sickness reliever
9 **기침약** cough medicine	10 **지혈제** styptic
11 **소염제** anti inflammatory drug	12 **소독약** antiseptic

1 **aspirin** [애스피륀] **아스피린**

2 **digestive medicine** [다이제스티브 메디슨] **소화제**

3 **antacid** [앤태씨드] **제산제**

4 **adhesive bandage** [앳히씨브 밴디쥐] **반창고**

5 **sleeping pill** [슬리핑 필] **수면제**

6 **pain reliever / analgesic** [페인 륄리버/애널쥐직] **진통제**

7 **fever reducer / antipyretic** [피버 뤼듀써/안티파이뤠틱] **해열제**

8 **motion sickness reliever** [모션 씩니스 륄리버] **멀미약**

9 **cough medicine** [콥 메디슨] **기침약**

10 **styptic** [스팁틱] **지혈제**

11 **anti inflammatory drug** [앤티 인플래머토뤼 드럭] **소염제**

12 **antiseptic** [앤티셉틱] **소독약**

1 **변비약** laxative	2 **안약** eye lotion
3 **붕대** bandage	4 **지사제** antidiarrheal
5 **감기약** cold medicine	6 **비타민** vitamin
7 **영양제** nutrient	8 **무좀약** athlete's foot ointment

👄 관련대화

A : 눈에 뭐가 들어갔어요. 안약 주세요.

Something got into my eyes. I need eye lotion.

썸씽 갓 인투 마이 아이즈 아이 니드 아이 로션

B : 여기 있습니다.

Here it is.

히어 잇 이즈

1 **laxative** [랙써티브] **변비약**
2 **eye lotion** [아이 로션] **안약**
3 **bandage** [밴디쥐] **붕대**
4 **antidiarrheal** [앤티다이어리얼] **지사제**
5 **cold medicine** [코울드 메디슨] **감기약**
6 **vitamin** [바이러민] **비타민**
7 **nutrient** [누트뤼언트] **영양제**
8 **athlete's foot ointment** [애쓸릿츠 풋 오인먼트] **무좀약**

관련단어

건강검진	medical check-up	메디컬 체컵
내과의사	physician	피지션
노화	aging	에이징
면역력	immunity	이뮤니디
백신(예방)접종	vaccination	백써네이션
병실	sickroom	씩룸
복용량	dosage	도시지
부상	injury	인쥬리
부작용	side effect	싸이드 이펙트
산부인과 의사	obstetrician	업스터트리션
낙태	abortion	어보션
소아과 의사	children's doctor	칠드런스 닥터
식욕	appetite	애피타잎
식이요법	diet	다이엍
수술	surgery	써저리
외과의사	surgeon	써전
치과의사	dentist	덴티스트
약국	pharmacy	파머씨
약사	pharmacist	파머씨스트
의료보험	medical insurance	메디컬 인슈런스
이식하다	transplant	트랜스플랜트

인공호흡	artificial breathing	아티피셜 브뤼딩
종합병원	general hospital	줴너럴 하스피럴
침술	acupuncture	애큐펑춰
중환자실	intensive care unit	인텐시브 케어 유닡
응급실	emergency room	이머젼시 룸
처방전	prescription	프뤼스크륍션
토하다	throw up	쓰로우 업
어지러운	dizzy	디지
속이 메스꺼운	nauseous	너셔스

알을 까기도 전에 병아리를 셈하지 말라.
(김칫국부터 마시지 말라.)
Don't count your chickens before
they are hatched.
돈 카운트 유어 취킨스 비포 데이 아 해취드

Unit 04 생리현상

1 트림 burp		**2 재채기** sneeze		**3 한숨** sigh	
4 딸꾹질 hiccup		**5 하품** yawning		**6 눈물** tear	
7 대변 feces		**8 방귀** fart		**9 소변** urine	

관련대화

A : 에취! 감기가 들었는지 계속 재채기와 콧물이 나와.

Ahchoo! I think I've got a cold. I have a sore sneeze and a runny nose.

에취! 아이 씽크 아입 가더 코울드 아이 해버 쏘 스니즈 애너 뤄니 노우즈

B : 병원에 당장 가보렴.

You'd better go to the hospital right now.

유드 베러 고 투 더 하스피럴 롸잇 나우

1 **burp** [벞] 트림
2 **sneeze** [스니즈] 재채기
3 **sigh** [싸이] 한숨
4 **hiccup** [히껍] 딸꾹질
5 **yawning** [야닝] 하품

6 **tear** [티어] 눈물
7 **feces** [피씨즈] 대변
8 **fart** [파트] 방귀
9 **urine** [유린] 소변

Chapter

03 감정, 행동 표현

Unit 01 감정

1 기분 좋은 delightful	**2 흥분한** excited	**3 재미있는** funny
4 행복한 happy	**5 즐거운** pleasant	**6 좋은** good
7 기쁜 glad	**8 힘이 나는** encouraged	**9 자랑스러운** proud
10 짜릿한 thrilled	**11 감격한** deeply moved	**12 부끄러운** ashamed
13 난처한 embarrassed	**14 외로운** lonely	**15 관심 없는** uninterested

1 **delightful** [딜라잇풀] 기분 좋은
2 **excited** [익싸이디드] 흥분한
3 **funny** [퍼니] 재미있는
4 **happy** [해피] 행복한
5 **pleasant** [플레전트] 즐거운
6 **good** [굳] 좋은
7 **glad** [글래드] 기쁜
8 **encouraged** [인커리쥐드] 힘이 나는

9 **proud** [프라우드] 자랑스러운
10 **thrilled** [쓰릴드] 짜릿한
11 **deeply moved** [딥플리 뭅드] 감격한
12 **ashamed** [어쉐임드] 부끄러운
13 **embarrassed** [임베러스드] 난처한
14 **lonely** [론니] 외로운
15 **uninterested** [언인터뤠스티드] 관심 없는

1 화난 angry	2 무서운 scary
3 불안한 uneasy	4 피곤한 tired
5 불쾌한 unpleasant	6 괴로운 distressed
7 지루한 bored	8 슬픈 sad
9 원통한 mortified	10 비참한 miserable
11 짜증 나는 annoyed	12 초조한 fretful
13 무기력한 spiritless	14 불편한 uncomfortable

1 **angry** [앵그뤼] **화난**
2 **scary** [스케뤼] **무서운**
3 **uneasy** [어니지] **불안한**
4 **tired** [타이어드] **피곤한**
5 **unpleasant** [언플레전트] **불쾌한**
6 **distressed** [디스트뤠스드] **괴로운**
7 **bored** [보어드] **지루한**
8 **sad** [새드] **슬픈**
9 **mortified** [몰티파이드] **원통한**
10 **miserable** [미저러블] **비참한**
11 **annoyed** [어노이드] **짜증 나는**
12 **fretful** [프렛풀] **초조한**
13 **spiritless** [스피릿리스] **무기력한**
14 **uncomfortable** [언컴퍼터블] **불편한**

¹ **놀란** surprised		² **질투하는** jealous	
³ **사랑하다** love		⁴ **싫어하다** hate	
⁵ **행운을 빕니다** Lots of luck		⁶ **고마워요** Thank you	

💕 관련대화

A : 저는 지금 흥분했어요. 비가 오면 저는 항상 흥분해요.
I'm excited now. I'm always excited when it rains.
아임 익싸이디드 나우 아임 얼웨이즈 익싸이디드 웬 잇 뤠인즈

B : 그래요? 저는 비가 오면 짜증나요.
Are you? I'm annoyed when it rains.
아 유? 아임 어노이드 웬 잇 뤠인즈

A : 그래요? 저와는 정반대군요.
Are you? I'm exactly the opposite.
아 유? 아임 이그잭틀리 디 오퍼짓

---

1. **surprised** [서프라이즈드] 놀란
2. **jealous** [젤러스] 질투하는
3. **love** [러브] 사랑하다
4. **hate** [헤일] 싫어하다
5. **Lots of luck** [랏츠브 럭] 행운을 빕니다
6. **Thank you** [쌩큐] 고마워요

Unit 02 칭찬

1 **멋져요** Great!	2 **훌륭해요** Excellent!	3 **굉장해요** Awesome!
4 **대단해요** Wonderful!		5 **귀여워요** Cute!
6 **예뻐요** Pretty!		7 **아름다워요** Beautiful!
8 **최고예요** Best!		9 **참 잘했어요** Good job!

관련대화

A : 당신은 정말 귀여워요.
You are so cute.
유 아 쏘 큐트

B : 고마워요. 당신은 정말 멋져요!
Thanks. You are very nice.
쌩스 유 아 베뤼 나이스

1 **Great!** [그레잍] 멋져요
2 **Excellent!** [엑썰런트] 훌륭해요
3 **Awesome!** [어썸] 굉장해요
4 **Wonderful!** [원더풀] 대단해요
5 **Cute!** [큐트] 귀여워요
6 **Pretty!** [프리디] 예뻐요
7 **Beautiful!** [뷰리풀] 아름다워요
8 **Best!** [베스트] 최고예요
9 **Good job!** [굿 좝] 참 잘했어요

1 세수하다 wash one's face	2 청소하다 clean
3 자다 sleep	4 일어나다 wake up
5 빨래하다 wash	6 먹다 eat
7 마시다 drink	8 요리하다 cook
9 설거지하다 do the dishes	10 양치질하다 brush one's teeth
11 샤워하다 shower	12 옷을 입다 wear
13 옷을 벗다 take off	14 쓰레기를 버리다 throw away garbage

1 **wash one's face** [와쉬 원스 페이스] 세수하다
2 **clean** [클린] 청소하다
3 **sleep** [슬맆] 자다
4 **wake up** [웨이컵] 일어나다
5 **wash** [와쉬] 빨래하다
6 **eat** [잍] 먹다
7 **drink** [드링크] 마시다
8 **cook** [쿡] 요리하다
9 **do the dishes** [두 더 디쉬스] 설거지하다
10 **brush one's teeth** [브뤄쉬 원스 티쓰] 양치질하다
11 **shower** [샤워] 샤워하다
12 **wear** [웨어] 옷을 입다
13 **take off** [테이커프] 옷을 벗다
14 **throw away garbage** [쓰로 어웨이 가비쥐] 쓰레기를 버리다

1 창문을 열다 open a window	**2 창문을 닫다** close a window	
3 불을 켜다 turn on the light	**4 불을 끄다** turn off the light	**5 오다** come
6 가다 go	**7 앉다** sit	**8 서다** stand
9 걷다 walk	**10 달리다** run	**11 놀다** play
12 일하다 work	**13 웃다** laugh	**14 울다** cry
15 나오다 come out	**16 들어가다** enter	**17 묻다** ask

1 **open a window** [오픈 어 윈도우]
창문을 열다

2 **close a window** [클로즈 어 윈도우] 창문을 닫다

3 **turn on the light** [턴 온 더 라잍]
불을 켜다

4 **turn off the light** [턴 오프 더 라잍] 불을 끄다

5 **come** [컴] 오다

6 **go** [고] 가다

7 **sit** [싣] 앉다

8 **stand** [스탠드] 서다

9 **walk** [워크] 걷다

10 **run** [뤈] 달리다

11 **play** [플레이] 놀다

12 **work** [월크] 일하다

13 **laugh** [랲] 웃다

14 **cry** [크롸이] 울다

15 **come out** [컴 아웃] 나오다

16 **enter** [엔터] 들어가다

17 **ask** [애스크] 묻다

1 대답하다 answer	**2 멈추다** stop	**3 움직이다** move
4 올라가다 go up	**5 내려가다** go down	**6 박수 치다** clap
7 찾다 find	**8 흔들다** shake	**9 춤추다** dance
10 뛰어오르다 jump	**11 넘어지다** fall	**12 읽다** read
13 싸우다 fight	**14 말다툼하다** quarrel	
15 인사 greeting	**16 대화** conversation	
17 쓰다 write	**18 던지다** throw	**19 잡다** catch

1 **answer** [앤써] 대답하다
2 **stop** [스탑] 멈추다
3 **move** [무브] 움직이다
4 **go up** [고 업] 올라가다
5 **go down** [고 다운] 내려가다
6 **clap** [클랩] 박수 치다
7 **find** [파인드] 찾다
8 **shake** [쉐익] 흔들다
9 **dance** [댄스] 춤추다
10 **jump** [점프] 뛰어오르다

11 **fall** [폴] 넘어지다
12 **read** [뤼드] 읽다
13 **fight** [파잍] 싸우다
14 **quarrel** [쿼럴] 말다툼하다
15 **greeting** [그뤼딩] 인사
16 **conversation** [컨버쎄이션] 대화
17 **write** [롸잍] 쓰다
18 **throw** [쓰로우] 던지다
19 **catch** [캐취] 잡다

관련대화

A : 주말에는 주로 뭐하세요?

What do you usually do on weekends?

왓 두 유 유절리 두 온 위켄즈

B : 저는 친구를 위해 저녁을 요리하고 청소를 해요.

I cook dinner for my friend and clean the house.

아이 쿡 디너 포 마이 프렌드 앤 클린 더 하우스

관련단어

격려하다	encourage	인커리쥐
존경하다	respect	뤼스펙트
지지하다	support	써폿
주장하다	insist	인씨스트
추천하다	recommend	뤠커멘드
경쟁하다	compete	컴핕
경고하다	warn	원
설득하다	persuade	퍼쉐이드
찬성하다	agree	어그뤼
반대하다	oppose	어포우스
재촉하다	push	푸쉬
관찰하다	observe	업저브

상상하다	imagine	이매쥔
기억하다	remember	뤼멤버
후회하다	regret	뤼그뤳
약속하다	promise	프라미스
신청하다	request	뤼퀘스트
비평하다	criticize	크리티싸이즈
속삭이다	whisper	위스퍼
허풍을 떨다	brag	브래그
의식하는	conscious	컨셔스
추상적인	abstract	앱스트랙트

열 길 물속은 알아도 한 길 사람 속은 모른다.
Men and melons are hard to know
멘 앤 멜론스 아 하드 투 노우

1 안녕하세요 How are you?	2 아침인사(안녕하세요) Good morning.
3 점심인사(안녕하세요) Good afternoon.	4 저녁인사(안녕하세요) Good evening.
5 처음 뵙겠습니다 How do you do?	6 만나 뵙고 싶었습니다 I wanted to see you.
7 잘 지내셨어요 How have you been?	8 만나서 반갑습니다 Nice to meet you.
9 오랜만이에요 It's been a long time.	10 안녕히 가세요 Good bye.
11 또 만나요 See you again.	12 안녕히 주무세요 Good night.

1 **How are you?** [하와 유] 안녕하세요

2 **Good morning.** [굿 모닝] 아침인사(안녕하세요)

3 **Good afternoon.** [굿 애프터눈] 점심인사(안녕하세요)

4 **Good evening.** [굿 이브닝] 저녁인사(안녕하세요)

5 **How do you do?** [하우 두 유 두] 처음 뵙겠습니다

6 **I wanted to see you.** [아이 워니드 투 씨 유] 만나 뵙고 싶었습니다

7 **How have you been?** [하우 해 뷰 빈] 잘 지내셨어요

8 **Nice to meet you.** [나이스 투 미츄] 만나서 반갑습니다

9 **It's been a long time.** [잇츠 빈 어 롱 타임] 오랜만이에요

10 **Good bye.** [굿 바이] 안녕히 가세요

11 **See you again.** [씨 유 어겐] 또 만나요

12 **Good night.** [굿 나잍] 안녕히 주무세요

A : 안녕하세요.
Hi, how are you?
하이 하와 유

B : 네, 안녕하세요. 잘 지내셨죠?
Hi, how have you been?
하이 하우 해뷰 빈

A : 네, 잘 지냈어요. 어디 가시는 길이에요?
Pretty good. Where are you going?
프리디 굳 웨어 아 유 고잉

B : 잠시 일이 있어서 나가는 길이에요.
I'm going out for a while because of the work.
아임 고잉 아웃 포러 와일 비코우즈 업 더 워크

A : 네, 그럼 다음에 뵐게요.
I see, I'll see you next time.
아이 씨 아윌 씨 유 넥스트 타임

1 생일 축하합니다
Happy birthday.

2 결혼 축하합니다
Congratulations on your marriage.

3 합격 축하합니다
Congratulations on passing.

4 졸업 축하합니다
Congratulations on your graduation.

5 명절 잘 보내세요
Have a good holiday.

6 새해 복 많이 받으세요
Happy New Year.

7 즐거운 성탄절 되세요
Merry Christmas.

관련대화

A : 졸업 축하해요.

Congratulations on your graduation.

콩그뤠츄레이션스 온 유어 그레쥬레이션

B : 감사합니다. 제인 씨도 시험 합격 축하합니다.

Thanks, Jane. Congratulations on passing the exam.

땡스 제인 콩그뤠츄레이션스 온 패씽 디 이그잼

1 **Happy birthday.** [해피 벌쓰데이]
생일 축하합니다

2 **Congratulations on your marriage.** [콩그뤠츄레이션스 온 유어 메뤼쥐] 결혼 축하합니다

3 **Congratulations on passing.** [콩그뤠츄레이션스 온 패씽]
합격 축하합니다

4 **Congratulations on your graduation.** [콩그뤠츄레이션스 온 유어 그래쥬에이션] 졸업 축하합니다

5 **Have a good holiday.** [해버 굿 할러데이] 명절 잘 보내세요

6 **Happy New Year.** [해피 뉴 이어]
새해 복 많이 받으세요

7 **Merry Christmas.** [메뤼 크리스마스] 즐거운 성탄절 되세요

Chapter

04 교육

Unit 01 학교

1 유치원 kindergarten	2 초등학교 primary school
3 중학교 middle school	4 고등학교 high school
5 대학교 university	6 학사 bachelor
7 석사 master	8 박사 doctor
9 대학원 graduate school	

1 **kindergarten** [킨더가든] 유치원
2 **primary school** [프라이메뤼 스쿨] 초등학교
3 **middle school** [미들 스쿨] 중학교
4 **high school** [하이 스쿨] 고등학교
5 **university** [유니버씨리] 대학교
6 **bachelor** [배첼러] 학사
7 **master** [매스터] 석사
8 **doctor** [닥터] 박사
9 **graduate school** [그레쥬에잇 스쿨] 대학원

관련대화

A : 자녀가 몇 살이에요?

How old is your child?

하우 올드 이즈 유어 촤일드

B : 19살이에요. 내년에 대학에 들어가요.

19 years old. He's going to college next year.

나인틴 이얼스 올드 히즈 고잉 투 컬리쥐 넥스트 이어

A : 어머, 고3 학부모군요. 많이 힘드시겠어요.

Oh, your child is in the third grade in high school. You would have a lot of trouble.

오 유어 촤일드 이즈 인 더 써드 그뤠이드 인 하이 스쿨 유 우드 해버러러브 트러블

B : 네, 그래도 아이가 저보다 더 힘들겠죠.

Yes, but he is harder than me.

예스 벗 히 이즈 하더 댄 미

관련단어

학원	institute	인스티튜트
공립학교	public school	퍼블릭 스쿨
사립학교	private school	프라이빗 스쿨
교장	principal	프륀써플
학과장	dean	딘
신입생	freshman	프레쉬맨
학년	grade	그뤠이드

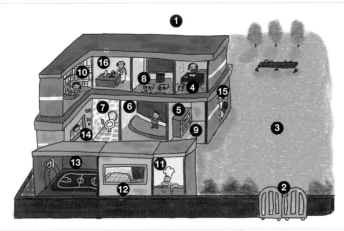

1 ① 교정 campus	**2** ② 교문 school gate	**3** ③ 운동장 playground
4 ④ 교장실 principal's office	**5** ⑤ 사물함 locker	**6** ⑥ 강의실 lecture room
7 ⑦ 화장실 toilet	**8** ⑧ 교실 classroom	**9** ⑨ 복도 hallway

1 **campus** [캠퍼스] 교정
2 **school gate** [스쿨 게잍] 교문
3 **playground** [플레이그라운드] 운동장
4 **principal's office** [프린써플소피스] 교장실
5 **locker** [라커] 사물함
6 **lecture room** [렉춰 룸] 강의실
7 **toilet** [토일맅] 화장실
8 **classroom** [클래스룸] 교실
9 **hallway** [홀웨이] 복도

1 ⑩ **도서관** library	2 ⑪ **식당** cafeteria	3 ⑫ **기숙사** dormitory
4 ⑬ **체육관** gym	5 ⑭ **매점** cafeteria	6 ⑮ **교무실** teacher's room
7 ⑯ **실험실** laboratory		

💗 **관련대화**

A : 이 학교는 교정이 너무 예쁜 거 같아요.
  I think this school have beautiful campus.
  아이 씽크 디스쿨 해브 뷰리풀 캠퍼스

B : 그죠. 저는 이 학교 출신이에요. 그땐 우리 학교가 이렇게 예쁜지 몰랐어요.
  I think so, too. I am from this school. I didn't know my school was so pretty at that time.
  아이 씽크 쏘 투 아이 앰 프럼 디스쿨 아이 디든 노우 마이 스쿨 웟쏘 프리디 앳 댓 타임

1 **library** [라이브러뤼] **도서관**
2 **cafeteria** [카페테뤼아] **식당**
3 **dormitory** [도미터뤼] **기숙사**
4 **gym** [쥠] **체육관**
5 **cafeteria** [카페테뤼아] **매점**
6 **teacher's room** [티춰스 룸] **교무실**
7 **laboratory** [래브러토뤼] **실험실**

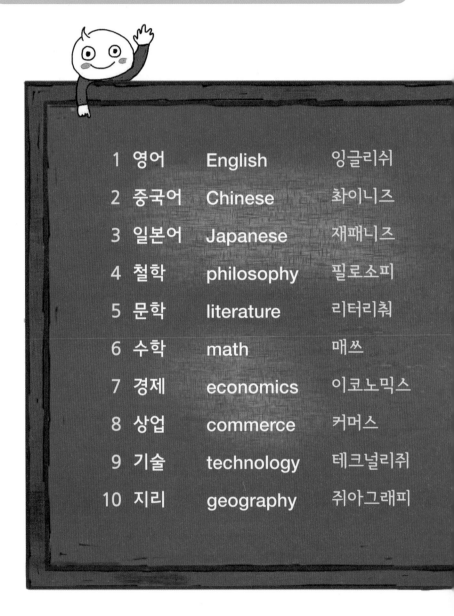

1	영어	English	잉글리쉬
2	중국어	Chinese	촤이니즈
3	일본어	Japanese	재패니즈
4	철학	philosophy	필로소피
5	문학	literature	리터리춰
6	수학	math	매쓰
7	경제	economics	이코노믹스
8	상업	commerce	커머스
9	기술	technology	테크널리쥐
10	지리	geography	쥐아그래피

11	건축	architecture	아키텍춰
12	생물	biology	바이얼러쥐
13	화학	chemistry	케미스트뤼
14	천문학	astronomy	어스트로너미
15	역사	history	히스토뤼
16	법률	law	로
17	정치학	politics	팔러틱스
18	사회학	sociology	쏘씨얼리쥐

19	음악	music	뮤직
20	체육	physical education(PE)	피지컬 에듀케이션
21	윤리	ethics	에씩스
22	물리	physics	피직스
23	받아쓰기	dictation	딕테이션
24	중간고사	mid-term exam	미드텀 이그잼
25	기말고사	final exam	파이널 이그잼
26	장학금	scholarship	스칼러쉽
27	입학	admission	어드미션

28	졸업	graduation	그래쥬에이션
29	숙제	homework	홈워크
30	시험	test	테스트
31	논술	essay	에쎄이
32	채점	marking	마킹
33	전공	major	메이져
34	학기	semester	씨메스터
35	등록금	tuition	투이션
36	컨닝	cheating	취팅

A : 제일 좋아하는 과목이 뭐예요?

What is your favorite subject?

왓 이즈 유어 페이버릿 써브젝트

B : 저는 수학을 좋아해요.

I like math.

아이 라익 매쓰

귀한 자식 매 한 대 더 때린다.

Spare the rod and spoil the child

스페어 더 롸드 앤 스포일 더 촤일드

1 공책(노트) notebook	2 지우개 eraser	3 볼펜 ball-point pen

4 연필 pencil	5 노트북 notebook
6 책 book	7 칠판 blackboard
8 칠판지우개 blackboard eraser	9 필통 pencil case
10 샤프 mechanical pencil	11 색연필 colored pencil
12 압정 tack	13 만년필 fountain pen
14 클립 clip	15 연필깎이 pencil sharpener

Chapter 04 학용품

1 **notebook** [놋북] 공책(노트)
2 **eraser** [이뤠이써] 지우개
3 **ball-point pen** [볼포인트 펜] 볼펜
4 **pencil** [펜쓸] 연필
5 **notebook** [놋북] 노트북
6 **book** [북] 책
7 **blackboard** [블랙보드] 칠판
8 **blackboard eraser** [블랙보드 이뤠이써] 칠판지우개

9 **pencil case** [펜쓸 케이스] 필통
10 **mechanical pencil** [미케니컬 펜쓸] 샤프
11 **colored pencil** [컬러드 펜쓸] 색연필
12 **tack** [택] 압정
13 **fountain pen** [파운튼 펜] 만년필
14 **clip** [클맆] 클립
15 **pencil sharpener** [펜쓸 샤프너] 연필깎이

1 크레파스 pastel crayon	**2 화이트** correction fluid
3 가위 scissors	**4 풀** glue	**5 물감** paint
6 잉크 ink	**7 자** ruler
8 스테이플러 stapler	**9 스케치북** sketchbook
10 샤프심 lead	**11 칼** utility knife
12 파일 file	**13 매직펜** marker pen
14 사인펜 felt-tip pen	**15 형광펜** highlighter

1 **pastel crayon** [파스텔 크뤠용] 크레파스
2 **correction fluid** [커뤡션 플루이드] 화이트
3 **scissors** [씨저스] 가위
4 **glue** [글루] 풀
5 **paint** [페인트] 물감
6 **ink** [잉크] 잉크
7 **ruler** [룰러] 자

8 **stapler** [스테플러] 스테이플러
9 **sketchbook** [스케치북] 스케치북
10 **lead** [레드] 샤프심
11 **utility knife** [유틸리디 나잎] 칼
12 **file** [파일] 파일
13 **marker pen** [마커 펜] 매직펜
14 **felt-tip pen** [펠팁 펜] 사인펜
15 **highlighter** [하이라이러] 형광펜

¹ **테이프** **tape**	² **콤파스** **compass**

💕 관련대화

A : 볼펜 좀 빌려줄래요?

　　Can you lend me a ball-point pen?

　　캔 유 렌드 미 어 볼포인트 펜

B : 여기 있습니다. 쓰시고 나서 꼭 돌려주세요.

　　Here it is. Please return after using.

　　히어 잇 이즈 플리즈 뤼턴 애프터 유징

A : 알겠어요.

　　All right.

　　올 롸잍

아니 땐 굴뚝에 연기 나랴.

There's no smoke without fire.

데어스 노 스모크 위다웃 파이어

---

¹ **tape** [테잎] **테이프**　　　　² **compass** [컴퍼스] **콤파스**

1 더하기 plus	**2 빼기** minus	**3 나누기** divide
4 곱하기 times	**5 크다/작다** greater/less	**6 같다** equal
7 마침표 period	**8 느낌표** exclamation mark	**9 물음표** question mark
10 하이픈 hyphen	**11 콜론** colon	**12 세미콜론** semicolon
13 따옴표 quotation marks	**14 생략기호** ellipsis	**15 at/골뱅이** at
16 루트 square root	**17 슬러쉬** forward slash	

1 **plus** [플러스] 더하기
2 **minus** [마이너스] 빼기
3 **divide** [디바이드] 나누기
4 **times** [타임즈] 곱하기
5 **greater/less** [그레이러/레스] 크다/작다
6 **equal** [이퀄] 같다
7 **period** [피뤼어드] 마침표
8 **exclamation mark** [익스클러메이션 막] 느낌표
9 **question mark** [퀘스천 막] 물음표
10 **hyphen** [하이픈] 하이픈
11 **colon** [콜런] 콜론
12 **semicolon** [쎄미콜런] 세미콜론
13 **quotation marks** [쿼테이션 막스] 따옴표
14 **ellipsis** [일립시즈] 생략기호
15 **at** [앳] at/골뱅이
16 **square root** [스퀘어 룯] 루트
17 **forward slash** [포워드 슬래쉬] 슬러쉬

A : 10 빼기 9는 얼마인가요?

How much is 10 minus 9?

하우 머취즈 텐 마이너스 나인

B : 10 빼기 9는 1입니다.

10 minus 9 is 1.

텐 마이너스 나인 이즈 원

A : 그럼 4 나누기 2는 얼마인가요?

And then, how much is 4 divided by 2?

앤 댄 하우 머취즈 포 디바이디드 바이 투

B: 4 나누기 2는 2입니다.

4 divided by 2 equals 2.

포 디바이디드 바이 투 이퀄스 투

1 **정사각형** square	2 **삼각형** triangle
3 **원** circle	4 **사다리꼴** trapezoid
5 **원추형** cone	6 **다각형** polygon
7 **부채꼴** sector	8 **타원형** oval
9 **육각형** hexagon	10 **오각형** pentagon
11 **원기둥** cylinder	12 **평행사변형** parallelogram
13 **각뿔** pyramid	

1 **square** [스퀘어] **정사각형**
2 **triangle** [트롸이앵글] **삼각형**
3 **circle** [써클] **원**
4 **trapezoid** [트뤠퍼줘이드] **사다리꼴**
5 **cone** [콘] **원추형**
6 **polygon** [팔리간] **다각형**
7 **sector** [쎅터] **부채꼴**

8 **oval** [오블] **타원형**
9 **hexagon** [핵써간] **육각형**
10 **pentagon** [펜터간] **오각형**
11 **cylinder** [씰린더] **원기둥**
12 **parallelogram** [패럴렐러그램] **평행사변형**
13 **pyramid** [피러미드] **각뿔**

A : 삼각형의 세 각의 합은 몇 도인가요?

How much is the sum of the three angles of the triangle?

하우 머취즈 더 써모브 더 쓰리 앵글쏘브 더 트롸이앵글

B : 답은 180도입니다.

The answer is 180 degrees.

디 앤써 이즈 원헌드뤠드에이리 디그리스

A : 그럼, 무엇을 정사각형이라고 하나요?

So, what is called a square?

쏘 왓 이즈 콜더 스퀘어

B : 네 변의 길이가 같은 사각형을 정사각형이라고 합니다.

A rectangle with the same length on all four sides is called a square.

어 뤡탱글 위드 더 쌔임 렝쓰 온 올 포 싸이지즈 콜더 스퀘어

A : 맞습니다. 정말 똑똑하네요.

Right. You are really smart.

롸잍 유 아 륄리 스맡

1 **영** zero	2 **하나** one	3 **둘** two
4 **셋** three	5 **넷** four	6 **다섯** five
7 **여섯** six	8 **일곱** seven	9 **여덟** eight
10 **아홉** nine	11 **열** ten	12 **이십** twenty 20
13 **삼십** thirty 30	14 **사십** forty 40	15 **오십** fifty 50
16 **육십** sixty 60	17 **칠십** seventy 70	18 **팔십** eighty 80
19 **구십** ninety 90	20 **백** hundred 100	21 **천** thousand 1,000

1 **zero** [지로우] 영
2 **one** [원] 하나
3 **two** [투] 둘
4 **three** [쓰리] 셋
5 **four** [포] 넷
6 **five** [파이브] 다섯
7 **six** [씩스] 여섯
8 **seven** [쎄븐] 일곱
9 **eight** [에잍] 여덟
10 **nine** [나인] 아홉
11 **ten** [텐] 열
12 **twenty** [투웬티] 이십
13 **thirty** [써리] 삼십
14 **forty** [포리] 사십
15 **fifty** [핍티] 오십
16 **sixty** [씩스티] 육십
17 **seventy** [쎄븐디] 칠십
18 **eighty** [에이리] 팔십
19 **ninety** [나인디] 구십
20 **hundred** [헌드뤠드] 백
21 **thousand** [싸우전드] 천

A : 미국인은 어떤 숫자를 좋아하나요?

What number do American people like?

왓 넘버 두 어메뤼칸 피플 라익

B : 미국인은 7을 좋아해요.

Americans like 7.

어메뤼칸스 라익 쎄븐

A : 왜 7을 좋아하죠?

Why do they like 7?

와이 두 데이 라익 쎄븐

B : 행운을 가져다주는 숫자라고 여겨진대요.

It is said that number 7 brings the luck.

잇 이즈 세드 댓 넘버 쎄븐 브링스 더 럭

---

1 **ten thousand** [텐 싸우전드] 만

2 **hundred thousand** [헌드뤠드 싸
우전드] 십만

3 **million** [밀리언] 백만

4 **ten million** [텐 밀리언] 천만

5 **hundred million** [헌드뤠드 밀리
언] 억

6 **trillion** [트륄리언] 조

1 국어국문학과
department of Korean language and literature

2 영어영문학과
department of English language and literature

3 경영학과
department of business administration

4 정치외교학과
department of political science and international relations

5 신문방송학과
department of mass communication

6 법학과
department of law

7 전자공학과
department of electronic engineering

8 컴퓨터공학과
department of computer engineering

---

1 **department of Korean language and literature** [디팟먼 업 코뤼안 랭귀지 앤 리터러춰] **국어국문학과**

2 **department of English language and literature** [디팟먼 업 잉글리쉬 랭귀지 앤 리터러춰] **영어영문학과**

3 **department of business administration** [디팟먼 업 비즈니스 어드미니스트뤠이션] **경영학과**

4 **department of political science and international relations** [디팟먼 업 팔리티컬 싸이언스 앤 인터내셔널 륄레이션스] **정치외교학과**

5 **department of mass communication** [디팟먼 업 매스 커뮤니케이션] **신문방송학과**

6 **department of law** [디팟먼 업 로] **법학과**

7 **department of electronic engineering** [디팟먼 업 일렉트로닉 엔지니어륑] **전자공학과**

8 **department of computer engineering** [디팟먼 업 컴퓨러 엔지니어륑] **컴퓨터공학과**

1 **물리학과** department of physics	2 **의학과** department of medicine
3 **간호학과** department of nursing	4 **약학과** department of pharmacy

관련대화

A : 당신은 무슨 학과인가요?
   What's your department in university?
   왓츠 유어 디팟먼 인 유니버씨리

B : 저는 영어영문학과예요.
   I'm in the department of English language and literature.
   아임 인 더 디팟먼 업 잉글리쉬 랭귀지 앤 리터리춰

A : 전공은 무엇인가요?
   What's your major?
   왓츠 유어 메이져

B : 저는 영문학을 전공해요.
   I major in English literature.
   아이 메이져 인 잉글리쉬 리터리춰

1 **department of physics** [디팟
   먼 업 피직스] **물리학과**

2 **department of medicine** [디
   팟먼 업 메디슨] **의학과**

3 **department of nursing** [디팟
   먼 업 널씽] **간호학과**

4 **department of pharmacy** [
   디팟먼 업 파머씨] **약학과**

Chapter
05 계절/월/요일

Unit 01 계절

1 봄 spring		**2 여름** summer	
3 가을 fall		**4 겨울** winter	

관련대화

A : 지금은 무슨 계절입니까?
   What season is it now?
   왓 씨즌 이즈 잇 나우

B : 지금은 봄입니다.
   It is spring.
   잇 이즈 스프링

1 **spring** [스프링] 봄
2 **summer** [써머] 여름
3 **fall** [폴] 가을
4 **winter** [윈터] 겨울

1 **월요일** Monday		2 **화요일** Tuesday	
3 **수요일** Wednesday		4 **목요일** Thursday	
5 **금요일** Friday		6 **토요일** Saturday	
7 **일요일** Sunday			

 관련대화

A : 오늘은 무슨 요일인가요?
What day is it today?
왓 데이 이즈 잇 투데이

B : 오늘은 수요일입니다.
It is Wednesday.
잇 이즈 웬즈데이

1 **Monday** [먼데이] **월요일**
2 **Tuesday** [튜즈데이] **화요일**
3 **Wednesday** [웬즈데이] **수요일**
4 **Thursday** [썰스데이] **목요일**
5 **Friday** [프라이데이] **금요일**
6 **Saturday** [쌔러데이] **토요일**
7 **Sunday** [썬데이] **일요일**

Chapter 05 계절/월/요일

1 **1월** January	2 **2월** February	3 **3월** March
4 **4월** April	5 **5월** May	6 **6월** June
7 **7월** July	8 **8월** August	9 **9월** September
10 **10월** October	11 **11월** November	12 **12월** December

1 **January** [재뉴어뤼] 1월
2 **February** [페브뤄뤼] 2월
3 **March** [마취] 3월
4 **April** [에이프럴] 4월
5 **May** [메이] 5월
6 **June** [쥰] 6월
7 **July** [쥴라이] 7월
8 **August** [어거스트] 8월
9 **September** [셉템버] 9월
10 **October** [악토버] 10월
11 **November** [노벰버] 11월
12 **December** [디쎔버] 12월

1 **1일** first	2 **2일** second	3 **3일** third	4 **4일** fourth
5 **5일** fifth	6 **6일** sixth	7 **7일** seventh	8 **8일** eighth
9 **9일** ninth	10 **10일** tenth	11 **11일** eleventh	12 **12일** twelfth
13 **13일** thirteenth	14 **14일** fourteenth	15 **15일** fifteenth	16 **16일** sixteenth

1 **first** [펄스트] 1일
2 **second** [쎄컨드] 2일
3 **third** [써드] 3일
4 **fourth** [폴쓰] 4일
5 **fifth** [핍쓰] 5일
6 **sixth** [씩쓰] 6일
7 **seventh** [쎄븐쓰] 7일
8 **eighth** [에잇쓰] 8일
9 **ninth** [나인쓰] 9일
10 **tenth** [텐쓰] 10일
11 **eleventh** [일레븐쓰] 11일
12 **twelfth** [트웰프쓰] 12일
13 **thirteenth** [썰틴쓰] 13일
14 **fourteenth** [폴틴쓰] 14일
15 **fifteenth** [핍틴쓰] 15일
16 **sixteenth** [씩스틴쓰] 16일

1 **17일** seventeenth	2 **18일** eighteenth	3 **19일** nineteenth	4 **20일** twentieth
5 **21일** twenty first	6 **22일** twenty second	7 **23일** twenty third	8 **24일** twenty fourth
9 **25일** twenty fifth	10 **26일** twenty sixth	11 **27일** twenty seventh	12 **28일** twenty eighth
13 **29일** twenty ninth	14 **30일** thirtieth	15 **31일** thirty first	

1 **seventeenth** [쎄븐틴쓰] 17일
2 **eighteenth** [에이틴쓰] 18일
3 **nineteenth** [나인틴쓰] 19일
4 **twentieth** [트웬티쓰] 20일
5 **twenty first** [트웬티 펄스트] 21일
6 **twenty second** [트웬티 쎄컨드] 22일
7 **twenty third** [트웬티 써드] 23일
8 **twenty fourth** [트웬티 폴쓰] 24일

9 **twenty fifth** [트웬티 핍쓰] 25일
10 **twenty sixth** [트웬티 씩쓰] 26일
11 **twenty seventh** [트웬티 쎄븐쓰] 27일
12 **twenty eighth** [트웬티 에잇쓰] 28일
13 **twenty ninth** [트웬티 나인쓰] 29일
14 **thirtieth** [썰티쓰] 30일
15 **thirty first** [썰티 펄스트] 31일

관련대화

A : 오늘은 몇 월 며칠인가요?
   What's the date today?
   왓츠 더 데잇 투데이

B : 오늘은 1월 10일입니다.
   Today is January 10th.
   투데이 이즈 재뉴어뤼 텐쓰

관련단어

달력	calendar	캘린더
다이어리	diary	다이어뤼
노동절	Labor Day	레이버 데이
크리스마스	Christmas	크리스머스
추수감사절	Thanksgiving Day	땡스기빙 데이
국경일	national holiday	내셔널 헐러데이

1 **새벽** dawn	2 **아침** morning
3 **오전** morning	4 **점심** lunch
5 **오후** afternoon	6 **저녁** evening

7 **밤** night	8 **시** hour	9 **분** minute	10 **초** second

11 **어제** yesterday	12 **오늘** today	13 **내일** tomorrow
14 **내일모레** day after tomorrow		15 **하루** day

1 **dawn** [던] 새벽
2 **morning** [모닝] 아침
3 **morning** [모닝] 오전
4 **lunch** [런취] 점심
5 **afternoon** [애프터눈] 오후
6 **evening** [이브닝] 저녁
7 **night** [나잍] 밤
8 **hour** [아우어] 시

9 **minute** [미닡] 분
10 **second** [쎄컨드] 초
11 **yesterday** [예스터데이] 어제
12 **today** [투데이] 오늘
13 **tomorrow** [투마로우] 내일
14 **day after tomorrow** [데이 애프터 투마로우] 내일모레
15 **day** [데이] 하루

A : 제임스는 언제 한국에 놀러오나요?

When will James come to Korea?

웬 윌 제임스 컴 투 코뤼아

B : 내일 한국에 와요.

He is coming to Korea tomorrow.

히 이즈 커밍 투 코뤼아 투마로우

A : 몇 시 도착 예정인가요?

What time is he arriving?

왓 타임 이즈 히 어롸이빙

B : 오후 3시 30분 도착 예정이에요.

He is arriving at 3:30 P.M.

히 이즈 어롸이빙 앳 쓰리 써리 피엠

A : 한국에 얼마나 머무르나요?

How long will he stay in Korea?

하우 롱 윌 히 스테이 인 코리아

B : 일주일 머물러요.

He will stay for a week.

히 윌 스테이 포러윜

A : 알겠습니다. 그럼 제가 식사 대접을 한번 할게요.

Okay. Then I'll treat him to a meal.

오케이 덴 아일 트륏 힘 투 어 밀

관련단어

지난주	last week	래스트 윅
이번 주	this week	디스 윅
다음 주	next week	넥스트 윅
일주일	a week	어 윅
한 달	a month	어 먼쓰
일 년	a year	어 이어

건강한 신체에 건강한 정신이 깃든다.
A sound mind in a sound body.
어 사운드 마인드 이너 사운드 바디

Chapter

06 자연과 우주

Unit 01 날씨 표현

1 **맑은** clear	2 **따뜻한** warm 	3 **화창한** sunny
4 **더운** hot	5 **흐린** cloudy	6 **안개 낀** foggy
7 **습한** humid	8 **시원한** cool	
9 **쌀쌀한** chilly	10 **추운** cold	
11 **장마철** rainy season	12 **천둥** thunder	

1 **clear** [클리어] 맑은
2 **warm** [웜] 따뜻한
3 **sunny** [써니] 화창한
4 **hot** [핫] 더운
5 **cloudy** [클라우디] 흐린
6 **foggy** [퍼기] 안개 낀

7 **humid** [휴미드] 습한
8 **cool** [쿨] 시원한
9 **chilly** [칠리] 쌀쌀한
10 **cold** [코울드] 추운
11 **rainy season** [뤠이니 씨즌] 장마철
12 **thunder** [썬더] 천둥

1 번개 lightning		**2 태풍** typhoon	
3 비가 오다 rain		**4 비가 그치다** rain stops	
5 무지개가 뜨다 rainbow rises		**6 바람이 불다** wind blows	
7 눈이 내리다 snow		**8 얼음이 얼다** ice forms	
9 서리가 내리다 frost falls			

🐱 관련대화

A : 내일 날씨는 어때요?

How is the weather tomorrow?

하우스 더 웨더 투마로우

B : 내일은 화창해요.

Tomorrow is sunny.

투마로우 이즈 써니

1 **lightning** [라잇닝] **번개**
2 **typhoon** [타이푼] **태풍**
3 **rain** [뤠인] **비가 오다**
4 **rain stops** [뤠인 스탑스] **비가 그치다**
5 **rainbow rises** [뤠인보우 롸이지즈] **무지개가 뜨다**
6 **wind blows** [윈드 블로우즈] **바람이 불다**
7 **snow** [스노우] **눈이 내리다**
8 **ice forms** [아이스 폼즈] **얼음이 얼다**
9 **frost falls** [프뤄스트 폴즈] **서리가 내리다**

1 **해** sun		2 **구름** cloud	
3 **비** rain		4 **바람** wind	
5 **눈** snow		6 **고드름** icicle	
7 **별** star		8 **달** moon	
9 **우주** space		10 **우박** hail	
11 **홍수** flood		12 **가뭄** drought	
13 **지진** earthquake		14 **자외선** ultraviolet rays	

1 **sun** [썬] 해
2 **cloud** [클라우드] **구름**
3 **rain** [뤠인] **비**
4 **wind** [윈드] **바람**
5 **snow** [스노우] **눈**
6 **icicle** [아이씨클] **고드름**
7 **star** [스타] **별**

8 **moon** [문] 달
9 **space** [스페이스] **우주**
10 **hail** [헤일] **우박**
11 **flood** [플러드] **홍수**
12 **drought** [드라웉] **가뭄**
13 **earthquake** [얼쓰퀘잌] **지진**
14 **ultraviolet rays** [울트롸바이얼럿
뤠이즈] **자외선**

1 **열대야** tropical night	2 **오존층** ozone layer
3 **화산(화산폭발)** volcano(volcanic eruption)	

관련대화

A : 오늘 날씨는 어때요?
How is the weather today?
하우 이즈 더 웨더 투데이

B : 오늘은 비가 와요.
It rains today.
잇 뤠인스 투데이

관련단어

토네이도	tornado	토네이도
고기압	high atmospheric pressure	하이 앳머스페릭 프뤠셔
한랭전선	cold front	콜드 프런트
온도	temperature	템퍼리춰
한류	cold current	콜드 커런트

1 **tropical night** [트로피컬 나잍] 열대
야
2 **ozone layer** [오우존 레이어] 오존층
3 **volcano(volcanic eruption)**
[벌케이노(벌케닉 이럽션)] 화산(화산폭발)

난류	warm current	웜 커런트
저기압	low atmospheric pressure	로 앳머스페릭 프뤠셔
일기예보	weather forecast	웨더 퍼캐스트
계절	season	씨즌
화씨	Fahrenheit	페런하잍
섭씨	Celsius	쎌시어스
연무	smog	스모그
아지랑이	heat haze	힛 헤이즈
진눈깨비	sleet	슬맅
강우량	rainfall	뤠인폴
미풍	breeze	브리즈
돌풍	gust	거스트
폭풍	storm	스톰
대기	atmosphere	앳머스피어
공기	air	에어

Unit 03 우주 환경과 오염

1 지구 Earth	**2 수성** Mercury	**3 금성** Venus
4 화성 Mars	**5 목성** Jupiter	**6 토성** Saturn
7 천왕성 Uranus	**8 명왕성** Pluto	**9 태양계** solar system
10 외계인 alien	**11 행성** planet	**12 은하계** galactic system
13 북두칠성 Big Dipper		**14 카시오페이아** Cassiopeia
15 큰곰자리 Great Bear		**16 작은곰자리** Little Bear

1 **Earth** [얼쓰] **지구**
2 **Mercury** [머큐리] **수성**
3 **Venus** [비너스] **금성**
4 **Mars** [마쓰] **화성**
5 **Jupiter** [쥬피터] **목성**
6 **Saturn** [쌔턴] **토성**
7 **Uranus** [유러너스] **천왕성**
8 **Pluto** [플루토] **명왕성**
9 **solar system** [쏠러 씨스템] **태양계**

10 **alien** [에일리언] **외계인**
11 **planet** [플래닡] **행성**
12 **galactic system** [걸랙틱 씨스템] **은하계**
13 **Big Dipper** [빅 디퍼] **북두칠성**
14 **Cassiopeia** [캐시어피어] **카시오페이아**
15 **Great Bear** [그뤠잇 베어] **큰곰자리**
16 **Little Bear** [리를 베어] **작은곰자리**

Chapter 06 자연과 우주

1 환경 environment	**2 파괴** destruction	
3 멸망 fall	**4 재활용** recycling	
5 쓰레기 waste	**6 쓰레기장** dump	
7 하수 오물 sewage	**8 폐수** waste water	
9 오염 pollution	**10 생존** survival	
11 자연 nature	**12 유기체** organism	
13 생물 creature	**14 지구온난화** global warming	

1 **environment** [인바이런먼트] 환경
2 **destruction** [디스트럭션] 파괴
3 **fall** [폴] 멸망
4 **recycling** [뤼싸이클링] 재활용
5 **waste** [웨이스트] 쓰레기
6 **dump** [덤프] 쓰레기장
7 **sewage** [쑤이쥐] 하수 오물
8 **waste water** [웨이숫 워터] 폐수
9 **pollution** [펄루션] 오염
10 **survival** [써바이벌] 생존
11 **nature** [네이춰] 자연
12 **organism** [오거니즘] 유기체
13 **creature** [크리춰] 생물
14 **global warming** [글로벌 워밍] 지구온난화

¹ **보름달** full moon		² **반달** half moon	

³ **초승달** new moon	⁴ **유성** meteor	⁵ **위도** latitude

⁶ **경도** longitude	⁷ **적도** equator	⁸ **일식** solar eclipse

💖 **관련대화**

A : 명왕성이 태양계에서 소멸된 게 몇 년도이죠?

　　When did Pluto disappear from the solar system?

　　웬 디드 플루토 디써피어 프럼 더 쏠러 씨스템

B : 2006년도요.

　　In 2006.

　　인 투싸우전씩스

1 **full moon** [풀 문] **보름달**　　5 **latitude** [래리튜드] **위도**

2 **half moon** [핲 문] **반달**　　6 **longitude** [란저튜드] **경도**

3 **new moon** [뉴 문] **초승달**　　7 **equator** [이퀘이터] **적도**

4 **meteor** [미티어] **유성**　　8 **solar eclipse** [쏘울러 이클립스] **일
식**

Chapter 06 자연과 우주

Unit 04 동식물

포유류(Mammal)

1 사슴 deer 	2 고양이 cat 	3 팬더(판다) panda 
4 사자 lion 	5 호랑이 tiger 	6 기린 giraffe 
7 곰 bear 	8 다람쥐 squirrel 	9 낙타 camel 
10 염소 goat 	11 표범 leopard 	12 여우 fox 
13 늑대 wolf 	14 고래 whale 	15 코알라 koala 
16 양 sheep 	17 코끼리 elephant 	18 돼지 pig 

1 **deer** [디어] 사슴
2 **cat** [캗] 고양이
3 **panda** [팬다] 팬더(판다)
4 **lion** [라이언] 사자
5 **tiger** [타이거] 호랑이
6 **giraffe** [쥐래프] 기린
7 **bear** [베어] 곰
8 **squirrel** [스쿼럴] 다람쥐
9 **camel** [캐멀] 낙타
10 **goat** [고우트] 염소
11 **leopard** [레퍼드] 표범
12 **fox** [팍쓰] 여우
13 **wolf** [울프] 늑대
14 **whale** [웨일] 고래
15 **koala** [코알라] 코알라
16 **sheep** [쉽] 양
17 **elephant** [엘리펀트] 코끼리
18 **pig** [피그] 돼지

1 **말** horse	2 **원숭이** monkey	3 **하마** hippo
4 **얼룩말** zebra		5 **북극곰** polar bear
6 **바다표범** seal		7 **두더지** mole
8 **개** dog		9 **코뿔소** rhinoceros
10 **쥐** mouse		11 **소** cow
12 **토끼** rabbit		13 **레드판다** red panda
14 **캥거루** kangaroo		15 **박쥐** bat

1 **horse** [홀스] 말
2 **monkey** [멍키] 원숭이
3 **hippo** [히뽀] 하마
4 **zebra** [지브러] 얼룩말
5 **polar bear** [포울러 베어] 북극곰
6 **seal** [씰] 바다표범
7 **mole** [모울] 두더지
8 **dog** [도그] 개

9 **rhinoceros** [라이나써러스] 코뿔소
10 **mouse** [마우스] 쥐
11 **cow** [카우] 소
12 **rabbit** [래빗] 토끼
13 **red panda** [뤠드 팬다] 레드판다
14 **kangaroo** [캥거루] 캥거루
15 **bat** [뱉] 박쥐

곤충/거미류(Insecta/Arachnid)

1 모기 mosquito	2 파리 fly	3 벌 bee
4 잠자리 dragonfly	5 거미 spider	6 매미 cicada
7 바퀴벌레 cockroach	8 귀뚜라미 cricket	9 풍뎅이 chafer

10 무당벌레 ladybird	11 반딧불이 firefly
12 메뚜기 grasshopper	13 개미 ant
14 사마귀 mantis	15 나비 butterfly
16 전갈 scorpion	17 소금쟁이 pond skater

1 **mosquito** [머스끼토우] 모기
2 **fly** [플라이] 파리
3 **bee** [비] 벌
4 **dragonfly** [드래건플라이] 잠자리
5 **spider** [스파이더] 거미
6 **cicada** [씨캐이더] 매미
7 **cockroach** [칵크로취] 바퀴벌레
8 **cricket** [크리킽] 귀뚜라미
9 **chafer** [췌이퍼] 풍뎅이

10 **ladybird** [레이디버드] 무당벌레
11 **firefly** [파이어플라이] 반딧불이
12 **grasshopper** [그래스하퍼] 메뚜기
13 **ant** [앤트] 개미
14 **mantis** [맨티스] 사마귀
15 **butterfly** [버러플라이] 나비
16 **scorpion** [스콜피언] 전갈
17 **pond skater** [판 스케이터] 소금쟁이

조류(Bird)

1 독수리 eagle	2 부엉이 owl	
3 매 falcon	4 까치 magpie	
5 까마귀 crow	6 참새 sparrow	
7 학 crane	8 오리 duck	
9 펭귄 penguin	10 제비 swallow	11 닭 chicken
12 공작 peacock	13 앵무새 parrot	14 기러기 wild goose
15 거위 goose	16 비둘기 dove	17 딱따구리 woodpecker

1 eagle [이글] 독수리
2 owl [아월] 부엉이
3 falcon [팰컨] 매
4 magpie [맥파이] 까치
5 crow [크로우] 까마귀
6 sparrow [스패로우] 참새
7 crane [크뤠인] 학
8 duck [덕] 오리
9 penguin [펭귄] 펭귄
10 swallow [스왈로우] 제비
11 chicken [취킨] 닭
12 peacock [피콕] 공작
13 parrot [패럴] 앵무새
14 wild goose [와일구스] 기러기
15 goose [구스] 거위
16 dove [도브] 비둘기
17 woodpecker [우드페커] 딱따구리

파충류/양서류(Reptile/Amphibian)

1 보아뱀 boa constrictor	2 도마뱀 lizard	
3 이구아나 iguana	4 코브라 cobra	5 두꺼비 toad
6 올챙이 tadpole	7 도롱뇽 salamander	8 개구리 frog
9 악어 crocodile	10 거북이 turtle	11 뱀 snake
12 지렁이 earthworm	13 카멜레온 chameleon	

관련대화

A : 어떤 동물을 좋아해요?

Which animal do you like?

휘취 애니멀 두 유 라잌

1 **boa constrictor** [보워 컨스트릭터] **보아뱀**
2 **lizard** [리저드] **도마뱀**
3 **iguana** [이구아나] **이구아나**
4 **cobra** [코우브러] **코브라**
5 **toad** [토우드] **두꺼비**
6 **tadpole** [태드포울] **올챙이**
7 **salamander** [샐러맨더] **도롱뇽**
8 **frog** [프뤄그] **개구리**
9 **crocodile** [크롸커다일] **악어**
10 **turtle** [터를] **거북이**
11 **snake** [스네잌] **뱀**
12 **earthworm** [어쓰웜] **지렁이**
13 **chameleon** [커밀리언] **카멜레온**

B : 저는 사슴을 좋아해요.

I like deer.

아이 라익 디어

A: 모기는 정말 위험한 곤충인 거 같아요.

The mosquitoes seem to be really dangerous insects.

더 머스끼토우스 씸 투 비 륄리 데인져러스 인섹츠

B : 그죠, 저는 모기가 싫어요.

Well, I hate mosquitoes.

웰 아이 헤잇 머스끼토우스

💟 관련단어

더듬이	feelers	필러스
번데기	pupa	퓨퍼
알	egg	에그
애벌레	larva	라버
뿔	horn	혼
발톱	claw	클러
꼬리	tail	테일
발굽	hoof	훞
동면하다	hibernate	하이버네잍
부리	beak	빅
깃털	feather	페더
날개	wing	윙
둥지	nest	네스트

어류/연체동물/갑각류(Fish/Mollusk/Crustacean)

1 **연어** salmon		2 **잉어** carp	
3 **대구** cod		4 **붕어** crucian carp	
5 **복어** globefish		6 **문어** octopus	
7 **오징어** squid		8 **게** crab	
9 **꼴뚜기** beka squid		10 **낙지** small octopus	
11 **새우** shrimp		12 **가재** crawfish	
13 **메기** catfish		14 **상어** shark	

1 **salmon** [쌔먼] 연어
2 **carp** [캎] 잉어
3 **cod** [카드] 대구
4 **crucian carp** [크루우션 캎] 붕어
5 **globefish** [글로우브피쉬] 복어
6 **octopus** [악터퍼스] 문어
7 **squid** [스퀴드] 오징어

8 **crab** [크랩] 게
9 **beka squid** [비커 스퀴드] 꼴뚜기
10 **small octopus** [스몰 악터퍼스] 낙지
11 **shrimp** [쉬림프] 새우
12 **crawfish** [크라피쉬] 가재
13 **catfish** [캣피쉬] 메기
14 **shark** [샤크] 상어

1 해파리 jellyfish		2 조개 shellfish	
3 불가사리 starfish		4 달팽이 snail	

관련대화

A : 문어 다리가 몇 개인지 아세요?
Do you know how many legs an octopus has?
두 유 노 하우 매니 렉즈 언 악터퍼스 해즈

B : 8개 아닌가요?
Isn't it eight?
이즌 잇 에잍

A : 네, 맞아요.
Yes, that is correct.
예스 댓 이즈 커뤡트

관련단어

비늘	scale	스케일
아가미	gill	길
물갈퀴발	webbed foot	웹드 풋
지느러미	fin	핀

1 **jellyfish** [젤리피쉬] 해파리
2 **shellfish** [쉘피쉬] 조개
3 **starfish** [스타피쉬] 불가사리
4 **snail** [스네일] 달팽이

식물(꽃/풀/야생화/나무) Plant(Flower/Grass/Wild flower/Tree)

1 **무궁화** rose of Sharon	2 **코스모스** cosmos
3 **수선화** daffodil	4 **장미** rose
5 **데이지** daisy	6 **아이리스** iris
7 **동백꽃** camellia	8 **벚꽃** cherry blossom
9 **나팔꽃** morning glory	10 **라벤더** lavender
11 **툴립** tulip	12 **제비꽃** violet
13 **안개꽃** gypsophila	14 **해바라기** sunflower

1 **rose of Sharon** [로우즈 업 쉐론] **무궁화**

2 **cosmos** [카스머스] **코스모스**

3 **daffodil** [대퍼딜] **수선화**

4 **rose** [로우즈] **장미**

5 **daisy** [데이지] **데이지**

6 **iris** [아이뤼스] **아이리스**

7 **camellia** [커밀리어] **동백꽃**

8 **cherry blossom** [체뤼 블러썸] **벚꽃**

9 **morning glory** [모닝 글로뤼] **나팔꽃**

10 **lavender** [래번더] **라벤더**

11 **tulip** [툴맆] **툴립**

12 **violet** [바이얼럿] **제비꽃**

13 **gypsophila** [쥡싸필러] **안개꽃**

14 **sunflower** [썬플라워] **해바라기**

1 **진달래** azalea		2 **민들레** dandelion	
3 **캐모마일** chamomile		4 **클로버** clover	
5 **강아지풀** foxtail		6 **고사리** bracken	
7 **잡초** weeds		8 **억새풀** silvergrass	
9 **소나무** pine		10 **메타세콰이아** metasequoia	
11 **감나무** persimmon tree		12 **사과나무** apple tree	
13 **석류나무** pomegranate tree		14 **밤나무** chestnut tree	

1 **azalea** [어젤리어] 진달래
2 **dandelion** [댄디라이언] 민들레
3 **chamomile** [캐머밀] 캐모마일
4 **clover** [클로버] 클로버
5 **foxtail** [팍스테일] 강아지풀
6 **bracken** [브래컨] 고사리
7 **weeds** [위즈] 잡초
8 **silvergrass** [실버그래스] 억새풀
9 **pine** [파인] 소나무
10 **metasequoia** [메터시콰이어] 메타세콰이아
11 **persimmon tree** [퍼씨먼 트뤼] 감나무
12 **apple tree** [애플 트뤼] 사과나무
13 **pomegranate tree** [파머그래닛 트뤼] 석류나무
14 **chestnut tree** [췌스트넛 트뤼] 밤나무

1 은행나무 ginkgo		2 배나무 pear tree	
3 양귀비꽃 poppy			

🐾 관련대화

A : 좋아하는 꽃이 뭐예요?
What is your favorite flower?
왓 이즈 유어 페이버릿 플라워

B : 저는 장미를 좋아해요.
I like roses.
아이 라익 로지즈

🐾 관련단어

뿌리	root	룻
잎	leaf	맆
꽃봉오리	bud	버드
꽃말	flower language	플라워 랭귀지
꽃가루	pollen	폴른

1 **ginkgo** [깅코우] 은행나무   3 **poppy** [파삐] 양귀비꽃
2 **pear tree** [페어 트뤼] 배나무

개화기	flowering season	플라워링 씨즌
낙엽	fallen leaf	폴른 맆
단풍	maple	메이플
거름	manure	머누어
줄기	stem	스템

Chapter
07 주거 관련

1 ① **아파트** apartment	2 ② **전원주택** country house	3 ③ **일반주택** house
4 ④ **다세대주택** multiplex housing	5 ⑤ **오피스텔** efficiency apartment	

1 **apartment** [아팟먼트] **아파트**
2 **country house** [컨트뤼 하우스] **전원주택**
3 **house** [하우스] **일반주택**
4 **multiplex housing** [멀티플렉스 하우징] **다세대주택**
5 **efficiency apartment** [이피션시 아팟먼트] **오피스텔**

1 ⑥ 오두막집 hut	2 ⑦ 별장 villa	3 ⑧ 하숙집 boarding house

A : 지금 어떤 집에서 살고 있나요?

What kind of house do you live in now?

왓 카인덥 하우스 두 유 리빈 나우

B : 저는 아파트에 살고 있어요.

I live in an apartment.

아이 리빈 언 아팟먼트

관련단어

살다	live	리브
주소	address	애드뤠스
임차인	tenant	테넌트
임대인	lessor	레써
가정부	housekeeper	하우스키퍼
월세	monthly rent	먼쓸리 렌트

1 **hut** [헛] 오두막집

2 **villa** [빌라] 별장

3 **boarding house** [보딩 하우스] 하
숙집

1 ① 대문 gate	2 ② 담 wall	3 ③ 정원 garden
4 ④ 우편함 mailbox	5 ⑤ 차고 garage	6 ⑥ 진입로 driveway
7 ⑦ 굴뚝 chimney	8 ⑧ 지붕 roof	9 ⑨ 계단 stairs

1 **gate** [게잍] 대문
2 **wall** [월] 담
3 **garden** [가든] 정원
4 **mailbox** [메일박스] 우편함
5 **garage** [거롸쥐] 차고

6 **driveway** [드라이붸이] 진입로
7 **chimney** [침니] 굴뚝
8 **roof** [룹] 지붕
9 **stairs** [스테얼스] 계단

1 ⑩ **벽** wall	2 ⑪ **테라스** terrace	3 ⑫ **창고** shed
4 ⑬ **다락방** garret	5 ⑭ **옥상** rooftop	6 ⑮ **현관** entrance
7 ⑯ **지하실** basement	8 ⑰ **위층** upstairs	9 ⑱ **아래층** downstairs
10 ⑲ **안마당 뜰** courtyard	11 ⑳ **기둥** pillar	12 ㉑ **울타리** fence
13 ㉒ **자물쇠** lock		

관련대화

A : 어떤 집을 사시려고요?

What kind of house do you want to buy?

왓 카인덥 하우스 두 유 원투 바이

B : 정원이 있는 집을 사려고 합니다.

I want to buy a house with a garden.

아이 원투 바이 어 하우스 위더 가든

1 **wall** [월] 벽

2 **terrace** [테러스] 테라스

3 **shed** [쉐드] 창고

4 **garret** [개럳] 다락방

5 **rooftop** [룹탑] 옥상

6 **entrance** [엔트런스] 현관

7 **basement** [베이스먼트] 지하실

8 **upstairs** [업스테얼스] 위층

9 **downstairs** [다운스테얼스] 아래층

10 **courtyard** [콧야드] 안마당 뜰

11 **pillar** [필러] 기둥

12 **fence** [펜스] 울타리

13 **lock** [락] 자물쇠

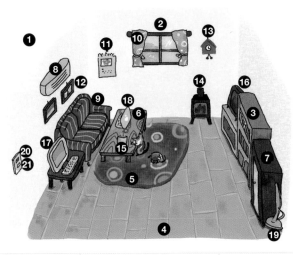

¹ ① **거실** living room	² ② **창문** window	³ ③ **책장** bookcase
⁴ ④ **마루** floor	⁵ ⑤ **카펫** carpet	⁶ ⑥ **테이블** table
⁷ ⑦ **장식장** cabinet	⁸ ⑧ **에어컨** air conditioner	⁹ ⑨ **소파** sofa

1 **living room** [리빙 룸] 거실
2 **window** [윈도우] 창문
3 **bookcase** [북케이스] 책장
4 **floor** [플로워] 마루
5 **carpet** [카핕] 카펫

6 **table** [테이블] 테이블
7 **cabinet** [캐비닡] 장식장
8 **air conditioner** [에어 컨디셔너] 에어컨
9 **sofa** [소우파] 소파

1 ⑩ **커튼** curtain	2 ⑪ **달력** calendar	3 ⑫ **액자** frame
4 ⑬ **시계** clock	5 ⑭ **벽난로** fireplace	6 ⑮ **꽃병** vase
7 ⑯ **텔레비전** television	8 ⑰ **컴퓨터** computer	9 ⑱ **노트북** notebook
10 ⑲ **진공청소기** vacuum cleaner	11 ⑳ **스위치를 끄다** turn off the switch	12 ㉑ **스위치를 켜다** turn on the switch

👬 관련대화

A : 소파가 너무 이뻐요. 어디서 샀나요?

The sofa is very pretty. Where did you buy it?

더 소퍼 이즈 베뤼 프뤼디 웨어 디쥬 바이 잇

B : 이케아에서 샀어요. 이케아 물건은 싸고 이뻐요.

I bought it at IKEA. IKEA stuff is cheap and nice.

아이 보우릿 앳 이케아 이케아 스떱 이즈 칩 앤 나이스

1 **curtain** [커튼] 커튼
2 **calendar** [캘린더] 달력
3 **frame** [프레임] 액자
4 **clock** [클락] 시계
5 **fireplace** [파이어플레이스] 벽난로
6 **vase** [베이스] 꽃병
7 **television** [텔리비젼] 텔레비전

8 **computer** [컴퓨러] 컴퓨터
9 **notebook** [놋북] 노트북
10 **vacuum cleaner** [배큠 클리너] 진공청소기
11 **turn off the switch** [터노프 더 스위취] 스위치를 끄다
12 **turn on the switch** [터논 더 스위취] 스위치를 켜다

1 ① **침대** bed	2 ② **자명종/알람시계** alarm	3 ③ **매트리스** mattress
4 ④ **침대시트** bed sheet	5 ⑤ **슬리퍼** slippers	6 ⑥ **이불** bedclothes
7 ⑦ **베개** pillow	8 ⑧ **화장대** dressing table	9 ⑨ **화장품** cosmetics
10 ⑩ **옷장** closet	11 ⑪ **잠옷** pajamas	12 ⑫ **쿠션** cushion

1 **bed** [베드] 침대

2 **alarm** [얼람] 자명종/알람시계

3 **mattress** [매트뤼스] 매트리스

4 **bedsheet** [베드 쉬] 침대시트

5 **slippers** [슬리퍼스] 슬리퍼

6 **bedclothes** [베드클로우쓰] 이불

7 **pillow** [필로우] 베개

8 **dressing table** [드뤠싱 테이블] 화장대

9 **cosmetics** [코스메릭스] 화장품

10 **closet** [클로짙] 옷장

11 **pajamas** [퍼자머즈] 잠옷

12 **cushion** [쿠션] 쿠션

1 ⑬ 쓰레기통 garbage can	2 ⑭ 천장 ceiling	3 ⑮ 전등 electric light
4 ⑯ 스위치 switch	5 ⑰ 공기청정기 air purifier	6 일어나다 wake up
7 자다 sleep		

🫶 관련대화

A : 매일 아침 몇 시에 일어나나요?
What time do you wake up every morning?
왓 타임 두 유 웨이컵 에브뤼 모닝

B : 저는 매일 아침 8시에 일어납니다.
I wake up every morning at 8 o'clock.
아이 웨이컵 에브뤼 모닝 앳 에잇 어클럭

1 **garbage can** [가비쥐 캔] **쓰레기통**
2 **ceiling** [씰링] **천장**
3 **electric light** [일렉트릭 라잍] **전등**
4 **switch** [스위취] **스위치**
5 **air purifier** [에어 퓨러파이어] **공기청정기**
6 **wake up** [웨이컵] **일어나다**
7 **sleep** [슬맆] **자다**

1 ① 냉장고 refrigerator	**2 ② 전자레인지** microwave	**3 ③ 환풍기** ventilator
4 ④ 가스레인지 gas stove	**5 ⑤ 싱크대** sink	**6 ⑥ 주방조리대** countertop
7 ⑦ 오븐 oven	**8 ⑧ 수납장** cabinet	**9 ⑨ 접시걸이선반** shelf
10 ⑩ 식기세척기 dish washer	**11 에어컨** air conditioner	

1 **refrigerator** [뤼프리져뤠이러] 냉장고
2 **microwave** [마이크로웨이브] 전자레인지
3 **ventilator** [벤틸레이러] 환풍기
4 **gas stove** [개스 스토브] 가스레인지
5 **sink** [씽크] 싱크대
6 **countertop** [카운터탚] 주방조리대
7 **oven** [오븐] 오븐
8 **cabinet** [캐비닡] 수납장
9 **shelf** [쉘프] 접시걸이선반
10 **dishwasher** [디쉬 워셔] 식기세척기
11 **air conditioner** [에어 컨디셔너] 에어컨

A : 환풍기 작동이 안 되네요.
The ventilator does not work.
더 벤틸레이러 더즈 낫 월

B : 제가 수리공을 불렀어요.
I called a repairman.
아이 콜더 뤼페어맨

백문이 불여일견
One picture is worth a
thousand words.
원 픽쳐즈 워써 싸우젼드 워즈

1 **도마** cutting board		2 **프라이팬** frying pan	
3 **믹서기** blender		4 **주전자** kettle	
5 **앞치마** apron		6 **커피포트** coffeepot	
7 **칼** knife		8 **뒤집개** spatula	
9 **주걱** rice scoop		10 **전기밥솥** electric rice cooker	
11 **머그컵** mug		12 **토스터기** toaster	
13 **국자** ladle		14 **냄비** pot	

1 **cutting board** [커링 보드] **도마**

2 **frying pan** [프롸잉 팬] **프라이팬**

3 **blender** [블렌더] **믹서기**

4 **kettle** [케를] **주전자**

5 **apron** [에이프런] **앞치마**

6 **coffeepot** [커피팥] **커피포트**

7 **knife** [나잎] **칼**

8 **spatula** [스페츌러] **뒤집개**

9 **rice scoop** [롸이스 스쿺] **주걱**

10 **electric rice cooker** [일렉트릭 롸이스 쿠커] **전기밥솥**

11 **mug** [머그] **머그컵**

12 **toaster** [토스터] **토스터기**

13 **ladle** [레이들] **국자**

14 **pot** [팥] **냄비**

1 수세미 scourer	2 주방세제 dishwashing liquid
3 알루미늄호일 aluminium foil	4 병따개 opener
5 젓가락 chopsticks	6 포크 fork
7 숟가락 spoon	8 접시 plate
9 소금 salt	10 후추 pepper
11 조미료 seasoning	12 음식을 먹다 eat food

1 **scourer** [스카워러] 수세미
2 **dishwashing liquid** [디쉬워싱 리퀴드] 주방세제
3 **aluminium foil** [알뤄미넘 포일] 알루미늄호일
4 **opener** [오프너] 병따개
5 **chopsticks** [촵스틱스] 젓가락
6 **fork** [포크] 포크
7 **spoon** [스푼] 숟가락
8 **plate** [플레이트] 접시
9 **salt** [쏠트] 소금
10 **pepper** [페퍼] 후추
11 **seasoning** [씨즈닝] 조미료
12 **eat food** [잇 푸드] 음식을 먹다

A : 요리는 조미료와 손맛이죠.

Cooking depends on the seasoning and your skill.

쿠킹 디펜즈 온 더 씨즈닝 앤 유어 스킬

B : 그렇지만 음식에 화학조미료를 너무 많이 넣는 건 좋지 않은 거 같아요.

But I do not think it's good to put too much chemical seasoning in the food.

벗 아이 두 낫 씽크 잇츠 굿 투 풋 투 머취 케미컬 씨즈닝 인 더 푸드

A : 그건 그래요.

That's right.

댓츠 롸잍

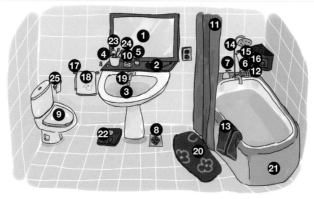

1 ① **거울** mirror	**2** ② **드라이기** dryer	**3** ③ **세면대** sink
4 ④ **면도기** razor / (전기) shaver	**5** ⑤ **면봉** cotton swab	**6** ⑥ **목욕바구니** bath basket
7 ⑦ **바디로션** body lotion	**8** ⑧ **배수구** drain	**9** ⑨ **변기** toilet
10 ⑩ **비누** soap	**11** ⑪ **욕실커튼** bathroom curtain	**12** ⑫ **빗** comb

1 **mirror** [미러] 거울

2 **dryer** [드라이어] 드라이기

3 **sink** [씽크] 세면대

4 **razor/(전기)shaver** [뤠이저/쉐이버] 면도기

5 **cotton swab** [코튼 스왑] 면봉

6 **bath basket** [배쓰 배스킽] 목욕바구니

7 **body lotion** [바디 로션] 바디로션

8 **drain** [드뤠인] 배수구

9 **toilet** [토일렛] 변기

10 **soap** [쏘웊] 비누

11 **bathroom curtain** [배쓰룸 커튼] 욕실커튼

12 **comb** [코움] 빗

1 ⑬ **샤워가운** bathrobe	2 ⑭ **샤워기** shower	3 ⑮ **샴푸** shampoo
4 ⑯ **린스** hair conditioner	5 ⑰ **수건걸이** towel rack	6 ⑱ **수건** towel
7 ⑲ **수도꼭지** faucet	8 ⑳ **욕실매트** bath mat	9 ㉑ **욕조** bathtub
10 ㉒ **체중계** scales	11 ㉓ **치약** toothpaste	12 ㉔ **칫솔** toothbrush
13 ㉕ **화장지** toilet paper	14 ㉖ **치실** floss	

1 **bathrobe** [배쓰로브] **샤워가운**
2 **shower** [샤워] **샤워기**
3 **shampoo** [샴푸] **샴푸**
4 **hair conditioner** [헤어 컨디셔너] **린스**
5 **towelrack** [타월 랙] **수건걸이**
6 **towel** [타월] **수건**
7 **faucet** [퍼씯] **수도꼭지**

8 **bath mat** [배쓰 맽] **욕실매트**
9 **bathtub** [배쓰텁] **욕조**
10 **scales** [스케일스] **체중계**
11 **toothpaste** [투쓰페이스트] **치약**
12 **toothbrush** [투쓰브뤄쉬] **칫솔**
13 **toilet paper** [토일럿 페이퍼] **화장지**
14 **floss** [플로스] **치실**

A : 변기에 물이 잘 내려가나요?

Does the toilet flush well?

더즈 더 토일럿 플러쉬 웰

B : 아니요. 변기가 막혔어요.

No. It is clogged.

노 잇 이즈 클락드

이를 닦다	brush one's teeth	브뤄쉬 원스 티쓰
헹구다	wash out	와쉬 아웃
씻어내다	rinse	린스
말리다	dry	드롸이
면도를 하다	shave	쉐입
머리를 빗다	brush one's hair	브뤄쉬 원스 헤어
샤워를 하다	take a shower	테익커 샤워
변기에 물을 내리다	flush the toilet	플러쉬 더 토일럿
머리를 감다	wash one's hair	와쉬 원스 헤어
목욕 (욕조에 몸을 담그고 하는)	bath	배쓰

Chapter

08 음식

Unit 01 과일

1 **연무** wax apple	2 **용안** longan	3 **리치** litchi
4 **망고** mango	5 **비파** loquat	6 **구아바** guava
7 **산사** haw	8 **유자** citron	9 **람부탄** rambutan
10 **사과** apple	11 **배** pear	12 **귤** clementine

13 **망고스틴** mangosteen	14 **수박** watermelon

1. **wax apple** [왁스 애플] 연무
2. **longan** [롱건] 용안
3. **litchi** [리취] 리치
4. **mango** [맹고우] 망고
5. **loquat** [로우쾈] 비파
6. **guava** [과버] 구아바
7. **haw** [허] 산사
8. **citron** [씨트런] 유자
9. **rambutan** [람부탄] 람부탄
10. **apple** [애플] 사과
11. **pear** [페어] 배
12. **clementine** [클레멘타인] 귤
13. **mangosteen** [맹거스틴] 망고스틴
14. **watermelon** [워러멜런] 수박

1 복숭아 peach	2 멜론 melon	3 오렌지 orange
4 레몬 lemon	5 바나나 banana	6 자두 plum
7 두리안 durian	8 살구 apricot	9 감 persimmon
10 참외 oriental melon	11 파인애플 pineapple	12 키위 kiwi
13 코코넛 coconut	14 사탕수수 sugarcane	15 포도 grape
16 밤 chestnut	17 대추 jujube	18 딸기 strawberry
19 건포도 raisin	20 체리 cherry	

1 peach [피취] 복숭아
2 melon [멜런] 멜론
3 orange [어륀쥐] 오렌지
4 lemon [레먼] 레몬
5 banana [버내너] 바나나
6 plum [플럼] 자두
7 durian [두리언] 두리안
8 apricot [애프리캍] 살구
9 persimmon [퍼씨먼] 감
10 oriental melon [어리엔틀 멜런] 참외

11 pineapple [파인애플] 파인애플
12 kiwi [키위] 키위
13 coconut [코커넡] 코코넛
14 sugarcane [슈거캐인] 사탕수수
15 grape [그레잎] 포도
16 chestnut [쉐스트널] 밤
17 jujube [주주비] 대추
18 strawberry [스트로베뤼] 딸기
19 raisin [뤠이즌] 건포도
20 cherry [췌뤼] 체리

1 **블루베리** blueberry		2 **라임** lime	
3 **무화과** fig		4 **석류** pomegranate	

💗 관련대화

A : 무엇을 사시겠습니까?

What would you like to buy?

왓 우 쥬 라익 투 바이

B : 오렌지 1kg에 얼마예요?

How much is 1 kg of orange?

하우 머취즈 원 킬로그램 업 어륀쥐

A : 10달러입니다.

Ten dollars.

텐 달러스

B: 1kg 주세요.

1 kg please.

원 킬로그램 플리즈

---

1 **blueberry** [블루베뤼] 블루베리   3 **fig** [피그] 무화과
2 **lime** [라임] 라임   4 **pomegranate** [파머그래닡] 석류

1 고수나물 coriander	**2 셀러리** celery	**3 양상추** (iceberg) lettuce
4 애호박 zucchini	**5 당근** carrot	**6 피망** bell pepper
7 버섯 mushroom	**8 감자** potato	**9 고추** chili pepper
10 토마토 tomato	**11 무** radish	**12 배추** napa cabbage
13 마늘 garlic	**14 우엉** burdock	**15 상추** (leaf) lettuce
16 시금치 spinach	**17 양배추** cabbage	**18 브로콜리** broccoli

1 **coriander** [커뤼앤더] **고수나물**

2 **celery** [쎌러뤼] **셀러리**

3 **(iceberg) lettuce** [(아이스벅) 레티스] **양상추**

4 **zucchini** [주키니] **애호박**

5 **carrot** [캐럿] **당근**

6 **bell pepper** [벨 페퍼] **피망**

7 **mushroom** [머쉬룸] **버섯**

8 **potato** [포테이도] **감자**

9 **chili pepper** [칠리 페퍼] **고추**

10 **tomato** [토메이도] **토마토**

11 **radish** [래디쉬] **무**

12 **napa cabbage** [나파 캐비쥐] **배추**

13 **garlic** [갈릭] **마늘**

14 **burdock** [버닥] **우엉**

15 **(leaf) lettuce** [(맆) 레티스] **상추**

16 **spinach** [스피니취] **시금치**

17 **cabbage** [캐비쥐] **양배추**

18 **broccoli** [브롸컬리] **브로콜리**

1 **양파** onion		2 **호박** pumpkin	
3 **고구마** sweet potato		4 **오이** cucumber	
5 **파** green onion		6 **콩나물** bean sprouts	
7 **생강** ginger		8 **미나리** water dropwort	
9 **옥수수** corn		10 **가지** eggplant	
11 **송이버섯** pine mushroom		12 **죽순** bamboo shoot	
13 **파슬리** parsley		14 **도라지** balloon flower	

1 **onion** [어니언] **양파**

2 **pumpkin** [펌킨] **호박**

3 **sweet potato** [스윗 포테이도] **고구마**

4 **cucumber** [큐컴버] **오이**

5 **green onion** [그린 어니언] **파**

6 **bean sprouts** [빈 스프라우츠] **콩나물**

7 **ginger** [쥔줘] **생강**

8 **water dropwort** [워러 드랍월] **미나리**

9 **corn** [콘] **옥수수**

10 **eggplant** [에그플랜트] **가지**

11 **pine mushroom** [파인 머쉬룸] **송이버섯**

12 **bamboo shoot** [뱀부 슛] **죽순**

13 **parsley** [파슬리] **파슬리**

14 **balloon flower** [벌룬 플라워] **도라지**

1 깻잎 perilla leaf		**2 고사리** bracken	
3 청양고추 Cheongyang chili pepper		**4 팽이버섯** enoki mushroom	
5 올리브 olive		**6 쑥갓** crown daisy	
7 인삼 ginseng		**8 홍삼** red ginseng	

♥ 관련대화

A : 피망 100g에 얼마예요?

How much is 100 g of bell pepper?

하우 머취즈 원헌드뤠드 그뢔머브 벨 페퍼

B : 1달러입니다.

It's a dollar.

잇춰 달러

1 **perilla leaf** [페릴라 맆] **깻잎**

2 **bracken** [브래컨] **고사리**

3 **Cheongyang chili pepper** [청양 췰리 페퍼] **청양고추**

4 **enoki mushroom** [이노키 머쉬룸] **팽이버섯**

5 **olive** [알리브] **올리브**

6 **crown daisy** [크롸운 데이지] **쑥갓**

7 **ginseng** [쮠셍] **인삼**

8 **red ginseng** [뤠드 쮠셍] **홍삼**

1 **오징어** squid		2 **송어** trout	
3 **우럭** rockfish		4 **가물치** snakehead fish	
5 **고등어** mackerel		6 **참조기** yellow corbina	
7 **메기** catfish		8 **복어** globefish	
9 **새우** shrimp		10 **대구** cod	
11 **연어** salmon		12 **전복** abalone	
13 **가리비 조개** scallop		14 **갈치** hairtail	

1 **squid** [스퀴드] 오징어
2 **trout** [트라웉] 송어
3 **rockfish** [롹피쉬] 우럭
4 **snakehead fish** [스네익헤드 피쉬] 가물치
5 **mackerel** [매크럴] 고등어
6 **yellow corbina** [엘로우 코비너] 참조기
7 **catfish** [캣피쉬] 메기
8 **globefish** [글로우브피쉬] 복어
9 **shrimp** [쉬림프] 새우
10 **cod** [카드] 대구
11 **salmon** [쌔먼] 연어
12 **abalone** [애벌로니] 전복
13 **scallop** [스캘럽] 가리비 조개
14 **hairtail** [헤어테일] 갈치

1 게 crab	2 잉어 carp
3 붕어 carp	4 문어 octopus
5 가재 crawfish	6 민어 croaker
7 멍게 sea squirt	8 성게 sea urchin
9 방어 yellow tail	10 해삼 sea cucumber
11 명태 walleye pollack	12 삼치 Spanish mackerel
13 미더덕 warty sea squirt	14 굴 oyster

1 **crab** [크랩] 게
2 **carp** [캎] 잉어
3 **carp** [캎] 붕어
4 **octopus** [악터퍼스] 문어
5 **crawfish** [크뤄피쉬] 가재
6 **croaker** [크로우커] 민어
7 **sea squirt** [씨 스퀄] 멍게
8 **sea urchin** [씨 어췬] 성게

9 **yellow tail** [옐로우 테일] 방어
10 **sea cucumber** [씨 큐컴버] 해삼
11 **walleye pollack** [월아이 팔럭] 명태
12 **Spanish mackerel** [스패니쉬 매크럴] 삼치
13 **warty sea squirt** [워리 씨 스퀄] 미더덕
14 **oyster** [오이스터] 굴

1 광어 halibut		**2 고래** whale	
3 북어 dried pollack		**4 미역** seaweed	
5 김 laver			

🐟 관련대화

A : 고래고기 먹어본 적 있어요?
Have you ever eaten whale meat?
해뷰 에버 이튼 웨일 밑

B : 그럼요. 고래고기는 정말 맛있어요.
Of course. It is really good.
어브 커스 잇 이즈 륄리 굳

1 **halibut** [핼르빝] 광어
2 **whale** [웨일] 고래
3 **dried pollack** [드롸이드 팔럭] 북어
4 **seaweed** [씨위드] 미역
5 **laver** [라버] 김

1 소고기 beef	2 돼지고기 pork	3 닭고기 chicken
4 칠면조 turkey	5 베이컨 bacon	6 햄 ham
7 소시지 sausage	8 육포 beef jerky	9 양고기 mutton

관련대화

A : 피자는 미국 어느 지역이 제일 맛있나요?
   Which area does pizza taste best in America?
   휘취 에뤼어 더즈 핏짜 테이스트 베스트 인 어메뤼카

B : 시카고 피자가 유명해요.
   Chicago-style pizza is famous.
   시카고 스타일 핏짜 이즈 페이머스

1 **beef** [비프] 소고기
2 **pork** [포크] 돼지고기
3 **chicken** [취킨] 닭고기
4 **turkey** [터키] 칠면조
5 **bacon** [베이컨] 베이컨

6 **ham** [햄] 햄
7 **sausage** [쏘시쥐] 소시지
8 **beef jerky** [비프 줘키] 육포
9 **mutton** [머튼] 양고기

Unit 05 음료수

1 콜라(코카콜라) Coke	**2 사이다 (스프라이트)** Sprite	**3 커피** coffee
4 핫초코 hot chocolate		**5 홍차** black tea
6 녹차 green tea		**7 밀크버블티** milkbubble tea
8 자스민차 jasmine tea		**9 밀크티** milk tea
10 우유 milk		**11 두유** soybean milk
12 생수 mineral water		**13 오렌지주스** orange juice
14 레모네이드 lemonade		**15 요구르트** yogurt

1 **Coke** [코우크] **콜라(코카콜라)**
2 **Sprite** [스프라일] **사이다(스프라이트)**
3 **coffee** [커피] **커피**
4 **hot chocolate** [핫 춰컬릿] **핫초코**
5 **black tea** [블랙 티] **홍차**
6 **green tea** [그린 티] **녹차**
7 **milkbubble tea** [밀크버블 티] **밀크버블티**
8 **jasmine tea** [재스민 티] **자스민차**
9 **milk tea** [밀크 티] **밀크티**
10 **milk** [밀크] **우유**
11 **soybean milk** [쏘이빈 밀크] **두유**
12 **mineral water** [미너럴 워러] **생수**
13 **orange juice** [어륀쥐 쥬스] **오렌지주스**
14 **lemonade** [레머네이드] **레모네이드**
15 **yogurt** [요겉] **요구르트**

A : 무엇을 드시겠습니까?

What would you like to drink?

왓 우쥬 라익 투 드링크

B : 커피 네 잔 주세요.

I'd like four cups of coffee.

아이드 라익 포 컵쏘브 커피

A : 어떤 커피로 하시겠습니까?

What kind of coffee would you like?

왓 카인덥 커피 우쥬 라익

B : 어떤 종류가 있나요?

What kind of coffee do you have?

왓 카인덥 커피 두 유 해브

A : 아메리카노 커피와 카푸치노 커피가 있습니다.

There are Americano and cappuccino coffee.

데어 아 어메리카노 앤 카푸치노 커피

B : 4잔 모두 아메리카노로 주세요.

Give me 4 Americanos.

깁 미 포 어메리카노스

1 치즈 cheese		**2 요거트** yogurt	
3 아이스크림 ice cream		**4 분유** powdered milk	
5 버터 butter		**6 참치** tuna	
7 식용유 cooking oil		**8 간장** soy sauce	
9 소금 salt		**10 설탕** sugar	
11 식초 vinegar		**12 참기름** sesame oil	
13 후추 pepper		**14 달걀** egg	

1 **cheese** [취즈] **치즈**

2 **yogurt** [요겉] **요거트**

3 **ice cream** [아이스 크륌] **아이스크림**

4 **powdered milk** [파우더드 밀크] **분유**

5 **butter** [버러] **버터**

6 **tuna** [튜나] **참치**

7 **cooking oil** [쿠킹 오일] **식용유**

8 **soy sauce** [쏘이 쏘스] **간장**

9 **salt** [쏠트] **소금**

10 **sugar** [슈거] **설탕**

11 **vinegar** [비니거] **식초**

12 **sesame oil** [쎄써미 오일] **참기름**

13 **pepper** [페퍼] **후추**

14 **egg** [에그] **달걀**

A : 이 음식 식초를 많이 넣어서 새콤해서 맛있네요.

You put a lot of vinegar and it is sour and delicious.

유 풋 어라럽 비니거 앤 잇 이즈 싸워 앤 딜리셔스

B : 제가 새콤한 맛을 좋아해서요. 당신이 맛있게 생각해줘서 너무 기뻐요.

I like the sour taste. I am so happy that you thought of it delicious.

아이 라익 더 싸워 테이스트 아이 앰 쏘 해피 대츄 쏘옷 어브 잇 딜리셔스

금강산도 식후경

A loaf of bread is better than the song of many birds.

어 로럽 브레드 이즈 베러 댄 더 쏭 업 매니 버즈

서양요리

1 **햄버거** hamburger	2 **피자** pizza
3 **스테이크** steak	4 **칠면조 구이** roast turkey
5 **핫도그** hot dog	6 **마카로니 앤 치즈** macaroni and cheese

7 **클램 차우더** clam chowder	8 **포테이토칩** potato chips	9 **바비큐** barbecue
10 **파스타** pasta	11 **바게뜨** baguette	12 **크루아상** croissant
13 **타르트** tart	14 **크레페** crape	15 **에스카르고** escargot

1 **hamburger** [햄버거] 햄버거

2 **pizza** [핏짜] 피자

3 **steak** [스테잌] 스테이크

4 **roast turkey** [로스트 터키] 칠면조 구이

5 **hot dog** [핫도그] 핫도그

6 **macaroni and cheese** [매커로니 앤 취즈] 마카로니 앤 치즈

7 **clam chowder** [클램 촤우더] 클램 차우더

8 **potato chips** [포테이도 췹스] 포테이토칩

9 **barbecue** [바비큐] 바비큐

10 **pasta** [파스타] 파스타

11 **baguette** [배겔] 바게뜨

12 **croissant** [크르와쌍] 크루아상

13 **tart** [타르트] 타르트

14 **crape** [크레잎] 크레페

15 **escargot** [에스카고] 에스카르고

1 **푸아그라** foie gras	2 **샌드위치** sandwich	3 **파니니** panini
4 **프라이드치킨** fried chicken	5 **리조또** risotto	6 **피시 앤 칩스** fish and chips
7 **치아바타** ciabatta	8 **프리타타** frittata	
9 **뇨끼** gnocchi	10 **와플** waffle	

한국식당요리

11 **라면** ramen	12 **냉면** cold noodle
13 **삼계탕** samgyetang (ginseng chicken soup)	14 **된장찌개** doenjang jjigae (soybean paste stew)
15 **청국장찌개** cheonggukjang jjigae (rich soybean paste stew)	

1 **foie gras** [푸와 그라] **푸아그라**
2 **sandwich** [쌘드위취] **샌드위치**
3 **panini** [파니니] **파니니**
4 **fried chicken** [프라이드 취킨] **프라이드치킨**
5 **risotto** [뤼조토] **리조또**
6 **fish and chips** [피쉬 앤 칩스] **피시 앤 칩스**
7 **ciabatta** [춰바라] **치아바타**
8 **frittata** [프리타라] **프리타타**
9 **gnocchi** [뇨키] **뇨끼**

10 **waffle** [와플] **와플**
11 **ramen** [롸멘] **라면**
12 **cold noodle** [코울드 누들] **냉면**
13 **samgyetang (ginseng chicken soup)** [쥔셍 취킨 쑵] **삼계탕**
14 **doenjang jjigae (soybean paste stew)** [쏘이빈 페이스트 스튜] **된장찌개**
15 **cheonggukjang jjigae (rich soybean paste stew)** [뤼취 쏘이빈 페이스트 스튜] **청국장찌개**

1 순두부찌개 sundubu jjigae (soft tofu stew)	**2 부대찌개** budae jjigae (sausage stew)
3 갈비탕 galbitang (short rib soup)	**4 감자탕** gamjatang (pork back-bone stew)
5 설렁탕 seolleongtang (ox bone soup)	**6 비빔밥** bibimbap
7 돌솥비빔밥 dolsot bibimbap (hot stone pot bibimbap)	**8 떡볶이** tteokbokki (stir-fried rice cake)
9 순대 sundae (Korean sausage)	**10 오뎅탕** odentang (fish cake soup)
11 찐빵 jjinppang (steamed bun)	**12 족발** jokbal (pigs' feet)

1 **sundubu jjigae (soft tofu stew)** [쏘프트 토푸 스튜] **순두부찌개**

2 **budae jjigae (sausage stew)** [쏘시쥐 스튜] **부대찌개**

3 **galbitang (short rib soup)** [숏 립 쑵] **갈비탕**

4 **gamjatang (pork back-bone stew)** [폭 백본 스튜] **감자탕**

5 **seolleongtang(oxbone soup)** [악스 본 쑵] **설렁탕**

6 **bibimbap** [비빔밥] **비빔밥**

7 **dolsot bibimbap (hot stone pot bibimbap)** [핫 스톤 팟 비빔밥] **돌솥비빔밥**

8 **tteokbokki (stir-fried rice cake)** [스터프라이드 라이스 케잌] **떡볶이**

9 **sundae (Korean sausage)** [코리언 쏘시쥐] **순대**

10 **odentang (fish cake soup)** [피쉬 케익 쑵] **오뎅탕**

11 **jjinppang (steamed bun)** [스팀드 번] **찐빵**

12 **jokbal (pigs' feet)** [픽스 핕] **족발**

1 팥빙수
patbingsu (shaved ice with sweetened red beans and other toppings)

2 떡
rice cake

3 해물파전
haemul pajeon (seafood and green onion pancake)

4 김밥
gimbap

5 간장게장
ganjang gejang (soy sauce marinated crab)

6 김치
kimchi

7 삼겹살

samgyeopsal (grilled pork belly)

관련대화

A : 무엇을 주문하시겠어요?
What would you like to order?
왓 우쥬 라익 투 오더

B : 스테이크 주세요. 바짝 익혀서 주세요.
I'd like a steak. Well done, please.
아이드 라이커 스테익 웰 던 플리즈

1 **patbingsu (shaved ice with sweetened red beans and other toppings)** [쉐입드 아이스 윗 스위튼드 뤠드 빈스 앤 아더 토핑스] 팥빙수

2 **rice cake** [롸이스 케익] 떡

3 **haemulpajeon(seafood and green onion pancake)** [씨푸드 앤 그륀 어니언 팬케익] 해물파전

4 **gimbap** [김밥] 김밥

5 **ganjang gejang (soy sauce marinated crab)** [쏘이 쏘스 매리네이티드 크랩] 간장게장

6 **kimchi** [김치] 김치

7 **samgyeopsal (grilled pork belly)** [그릴드 폭 벨리] 삼겹살

1 데치다 blanch	2 굽다 (빵을) bake / (고기 등을) roast
3 튀기다 fry	4 탕/찌개 soup/stew
5 찌다 steam	6 무치다 season

7 볶다 stir-fry	8 훈제 smoke	9 끓이다 boil
10 삶다 boil	11 섞다 blend	12 휘젓다 stir

13 밀다 roll	14 얇게 썰다 slice thinly
15 손질하다 trim	16 반죽하다 knead dough

1 **blanch** [블랜취] 데치다
2 **(빵을) bake / (고기 등을)roast** [베익 / 로스트] 굽다
3 **fry** [프라이] 튀기다
4 **soup/stew** [쑾/스튜] 탕/찌개
5 **steam** [스팀] 찌다
6 **season** [씨즌] 무치다
7 **stir-fry** [스터프라이] 볶다
8 **smoke** [스목] 훈제

9 **boil** [보일] 끓이다
10 **boil** [보일] 삶다
11 **blend** [블렌드] 섞다
12 **stir** [스터] 휘젓다
13 **roll** [롤] 밀다
14 **slice thinly** [슬라이스 씬니] 얇게 썰다
15 **trim** [트림] 손질하다
16 **knead dough** [니드 도우] 반죽하다

A : 훈제요리 좋아하세요?
Do you like smoked food?
두유 라익 스목트 푸드

B : 네 좋아합니다.
Yes, I like it.
예스 아이 라이킷

A : 그럼 오늘 오리훈제 먹으러 갈래요?
So do you want to get some smoked duck today?
쏘 두 유 원투 겟 썸 스목트 덕 투데이

B : 좋지요.
Good.
굳

A : 오늘은 제가 한턱 낼게요.
I'll treat you today.
아일 트릿츄 투데이

B : 감사합니다.
Thank you.
쌩큐

1 **롯데리아** Lotteria		2 **맥도날드** McDonald	
3 **파파이스** Popeyes		4 **서브웨이** Subway	
5 **피자헛** Pizza Hut		6 **버거킹** Burger King	
7 **KFC** Kentucky Fried Chicken			

관련대화

A : 오늘 롯데리아 갈까요?

Do you want to go to Lotteria today?

두 유 원투 고 투 로테뤼아 투데이

B : 좋아요.

Good.

굿

1 **Lotteria** [로테뤼아] 롯데리아

2 **McDonald** [맥도널드] 맥도날드

3 **Popeyes** [파파이스] 파파이스

4 **Subway** [썹웨이] 서브웨이

5 **Pizza Hut** [핏짜 헛] 피자헛

6 **Burger King** [버거 킹] 버거킹

7 **Kentucky Fried Chicken** [켄터키 프라이드 취킨] KFC

Unit 10 주 류

1 **맥주** beer	2 **고량주** kaoliang wine
3 **하이네켄** Heineken	4 **버드와이저** Budweiser
5 **기네스** Guinness	6 **소주** soju
7 **호가든** Hoegaarden	8 **밀러** Miller
9 **샴페인** champagne	10 **양주** liquor

11 **럼** rum	12 **위스키** whiskey	13 **보드카** vodka
14 **데킬라** tequila	15 **레드와인** red wine	16 **화이트와인** white wine

---

1 **beer** [비어] 맥주
2 **kaoliang wine** [까우리앵 와인] 고량주
3 **Heineken** [하이네켄] 하이네켄
4 **Budweiser** [버드와이절] 버드와이저
5 **Guinness** [기니스] 기네스
6 **soju** [소주] 소주
7 **Hoegaarden** [호가든] 호가든
8 **Miller** [밀러] 밀러
9 **champagne** [샘페인] 샴페인
10 **liquor** [리커] 양주
11 **rum** [륌] 럼
12 **whiskey** [위스키] 위스키
13 **vodka** [보드카] 보드카
14 **tequila** [테킬러] 데킬라
15 **red wine** [뤠드 와인] 레드와인
16 **white wine** [와잇 와인] 화이트와인

1 브랜디 brandy		**2** 마티니 Martini	
3 칼바도스 Calvados		**4** 사케 sake	
5 코냑 cognac		**6** 막걸리 makgeolli	
7 동동주 dongdongju		**8** 피스코 Pisco	
9 진 Gin		**10** 과실주 fruit wine	
11 복분자주 raspberry wine		**12** 매실주 plum wine	
13 정종 refined rice wine		**14** 칵테일 cocktail	

1 **brandy** [브랜디] 브랜디
2 **Martini** [마티니] 마티니
3 **Calvados** [캘버도스] 칼바도스
4 **sake** [사키] 사케
5 **cognac** [코냑] 코냑
6 **makgeolli** [막걸리] 막걸리
7 **dongdongju** [동동주] 동동주
8 **Pisco** [피스코] 피스코
9 **Gin** [진] 진
10 **fruit wine** [프룻 와인] 과실주
11 **raspberry wine** [래즈베뤼 와인] 복분자주
12 **plum wine** [플럼 와인] 매실주
13 **refined rice wine** [뤼파인드 롸이스 와인] 정종
14 **cocktail** [칵테일] 칵테일

A : 건배!

Cheers!

취어스

B : 이 술은 몇 도인가요?

What proof is this?

왓 프루프 이즈 디스

A : 50도예요.

50 proof.

핍티 프룹

B : 어머 엄청 높네요.

It's awfully high.

잇츠 어풀리 하이

과음	excessive drinking	익쩨씨브 드링킹
숙취해소제	hangover cure drink	행오버 큐어 드링크
알콜중독	alcoholism	앨커헐리즘
술친구	drinking buddy	드링킹 버디

Chapter 08

음식

1 **맛있는** delicious		2 **맛없는** bad	
3 **싱거운** bland		4 **뜨거운** hot	
5 **단** sweet		6 **짠** salty	
7 **매운** spicy		8 **얼큰한** spicy	
9 **신** sour		10 **쓴** bitter	
11 **떫은** astringent		12 **느끼한** greasy	
13 **(곡식이나 견과류 등이) 고소한** nutty		14 **담백한** mild	

1 **delicious** [딜리셔스] **맛있는**
2 **bad** [밷] **맛없는**
3 **bland** [블랜드] **싱거운**
4 **hot** [핫] **뜨거운**
5 **sweet** [스윝] **단**
6 **salty** [쏠티] **짠**
7 **spicy** [스파이씨] **매운**
8 **spicy** [스파이씨] **얼큰한**
9 **sour** [싸워] **신**
10 **bitter** [비러] **쓴**
11 **astringent** [어스트린젼트] **떫은**
12 **greasy** [그뤼지] **느끼한**
13 **nutty** [너티] **(곡식이나 견과류 등이) 고소한**
14 **mild** [마일드] **담백한**

¹ 쫄깃한 chewy		² 비린 fishy	
³ 소화불량 indigestion			

A : 맛이 어때요?
How does it taste?
하우 더짓 테이스트

B : 이 음식 맛있어요.
It is delicious.
이리즈 딜리셔스

❤️ 관련단어

씹다	chew	츄
영양분을 공급하다	nourish	너리쉬
과식하다	eat too much	잇 투 머취
먹이다	feed	피드
삼키다	swallow	스왈로우

¹ **chewy** [츄이] 쫄깃한   ³ **indigestion** [인디제스천] 소화불량
² **fishy** [피쉬] 비린

조금씩 마시다	sip	씹
조리법	recipe	뤠서피
날것의	raw	뤄
썩다	rot	뢑
칼슘	calcium	캘시엄
단백질	protein	프로틴
비타민	vitamin	바이러민
지방	fat	퍁
탄수화물	carbohydrate	카보하이드뤠잍
입맛에 맞다	suit one's taste	쑷 원스 테이스트
무기질	mineral	미너럴
에스트로겐	estrogen	에스트로진
아미노산	amino acid	아미노 애씨드
체지방	body fat	바디 퍁
피하지방	subcutaneous fat	섭큐태니어스 퍁
열량(칼로리)	calorie	캘로뤼
영양소	nutrient	누트뤼언트
포화지방	saturated fat	새춰뤠이티드 퍁
불포화지방	unsaturated fat	언새춰뤠이티드 퍁
포도당	glucose	글루코스
납	lead	레드

Chapter

09 쇼핑

Unit 01 쇼핑 물건

의류

1 정장 suit	2 청바지 jeans	3 티셔츠 T-shirt
4 원피스 dress	5 반바지 shorts	6 치마 skirt
7 조끼 vest	8 남방 shirt	9 와이셔츠 dress shirt
10 재킷 jacket	11 운동복 sportswear	
12 오리털잠바 duck-down jacket	13 스웨터 sweater	

1 suit [쑫] 정장
2 jeans [진스] 청바지
3 T-shirt [티셔츠] 티셔츠
4 dress [드뤠스] 원피스
5 shorts [쇼츠] 반바지
6 skirt [스컬] 치마
7 vest [베스트] 조끼

8 shirt [셔츠] 남방
9 dress shirt [드뤠스 셔츠] 와이셔츠
10 jacket [재킽] 재킷
11 sportswear [스포츠웨어] 운동복
12 duck-down jacket [덕다운 재
   킽] 오리털잠바
13 sweater [스웨러] 스웨터

Chapter 09

상의

1 우의 raincoat	2 내복 long johns
3 속옷 underwear	4 팬티 panties/ underpants
5 교복 school uniform	6 레이스 lace
7 단추 button	8 바지 pants
9 버클 buckle	10 브래지어 bra
11 블라우스 blouse	12 셔츠 shirt
13 소매 sleeve	14 외투 overcoat

1 raincoat [뤠인코웉] 우의
2 long johns [롱 존스] 내복
3 underwear [언더웨어] 속옷
4 panties/underpants [팬티즈/언더팬츠] 팬티
5 school uniform [스쿨 유니폼] 교복
6 lace [레이스] 레이스
7 button [버튼] 단추
8 pants [팬츠] 바지
9 buckle [버클] 버클
10 bra [브롸] 브래지어
11 blouse [블라우스] 블라우스
12 shirt [셔츠] 셔츠
13 sleeve [슬리브] 소매
14 overcoat [오버코웉] 외투

1 **지퍼** zipper		2 **잠옷** pajamas	
3 **파티용 드레스** evening dress		4 **한복** Korean clothes	

신발, 양말

5 **신발** shoes		6 **운동화** sneakers		7 **구두** shoes	
8 **부츠** boots			9 **슬리퍼** slippers		
10 **조리** flip-flops			11 **(비 올 때 신는) 장화** rain boots		
12 **양말** socks		13 **스타킹** stockings		14 **샌들** sandals	

1 **zipper** [지퍼] 지퍼
2 **pajamas** [퍼자머즈] 잠옷
3 **evening dress** [이브닝 드뤠스] 파티용 드레스
4 **Korean clothes** [코뤼언 클로우쓰] 한복
5 **shoes** [슈즈] 신발
6 **sneakers** [스니커스] 운동화
7 **shoes** [슈즈] 구두

8 **boots** [부츠] 부츠
9 **slippers** [슬리퍼스] 슬리퍼
10 **flip-flops** [플립플랍스] 조리
11 **rain boots** [레인 부츠] (비 올 때 신는) 장화
12 **socks** [싹스] 양말
13 **stockings** [스타킹스] 스타킹
14 **sandals** [쌘들스] 샌들

기타 액세서리

1 모자 hat 	2 가방 bag 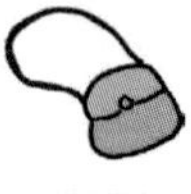	3 머리끈 hair tie 
4 귀걸이 earrings 	5 반지 ring 	6 안경 glasses 
7 선글라스 sunglasses 	8 지갑 wallet 	
9 목도리 muffler 	10 스카프 scarf 	
11 손목시계 wristwatch 	12 팔찌 bracelet 	
13 넥타이 necktie 	14 벨트 belt 	15 장갑 gloves 
16 양산 parasol 	17 목걸이 necklace 	18 브로치 brooch 

1 **hat** [햇] **모자**
2 **bag** [백] **가방**
3 **hair tie** [헤어 타이] **머리끈**
4 **earrings** [이어링스] **귀걸이**
5 **ring** [륑] **반지**
6 **glasses** [글래씨스] **안경**
7 **sunglasses** [썬글래씨스] **선글라스**
8 **wallet** [월럿] **지갑**
9 **muffler** [머플러] **목도리**
10 **scarf** [스캎] **스카프**
11 **wristwatch** [뤼슷와취] **손목시계**
12 **bracelet** [브레이슬럿] **팔찌**
13 **necktie** [넥타이] **넥타이**
14 **belt** [벨트] **벨트**
15 **gloves** [글러브스] **장갑**
16 **parasol** [패러썰] **양산**
17 **necklace** [넥클러스] **목걸이**
18 **brooch** [브로우취] **브로치**

1 손수건 handkerchief	2 머리핀 hair pin

기타용품

3 비누 soap	4 가그린 gargle	5 물티슈 wet wipe
6 생리대 sanitary napkin	7 기저귀 diaper	8 우산 umbrella
9 담배 cigarette	10 라이터 lighter	11 건전지 battery
12 쇼핑백 shopping bag	13 종이컵 paper cup	
14 컵라면 cup noodles	15 모기약 mosquito repellent	

1 **handkerchief** [행커칲] **손수건**
2 **hair pin** [헤어 핀] **머리핀**
3 **soap** [쏘웊] **비누**
4 **gargle** [가글] **가그린**
5 **wet wipe** [웻 와잎] **물티슈**
6 **sanitary napkin** [쌔니터뤼 냅킨]
생리대
7 **diaper** [다이어퍼] **기저귀**
8 **umbrella** [엄브뤨러] **우산**

9 **cigarette** [씨거뤳] **담배**
10 **lighter** [라이러] **라이터**
11 **battery** [배러리] **건전지**
12 **shopping bag** [샤핑 백] **쇼핑백**
13 **paper cup** [페이퍼 컵] **종이컵**
14 **cup noodles** [컵 누들스] **컵라면**
15 **mosquito repellent** [머스끼토우
뤼펠런트] **모기약**

1 방취제 **deodorizer**	2 면도크림 **shaving cream**

3 면도날 **razor blade**	4 스킨 **skin toner**	5 로션 **lotion**
6 썬크림 **sunblock**	7 샴푸 **shampoo**	8 린스 **hair conditioner**
9 치약 **toothpaste**	10 칫솔 **toothbrush**	11 손톱깎이 **nail clippers**

12 화장지 **toilet paper**	13 립스틱 **lipstick**
14 비비크림 **BB cream**	15 파운데이션 **foundation**
16 빗 **comb**	17 사탕 **candy**

1 **deodorizer** [디오더롸이져] 방취제

2 **shaving cream** [쉐이빙 크림] 면도크림

3 **razor blade** [뤠이져 블레이드] 면도날

4 **skin toner** [스킨 토우너] 스킨

5 **lotion** [로션] 로션

6 **sunblock** [썬블락] 썬크림

7 **shampoo** [샘푸] 샴푸

8 **hair conditioner** [헤어 컨디셔너] 린스

9 **toothpaste** [투쓰페이스트] 치약

10 **toothbrush** [투쓰브뤄쉬] 칫솔

11 **nail clippers** [네일 클리퍼스] 손톱깎이

12 **toilet paper** [토일럿 페이퍼] 화장지

13 **lipstick** [립스틱] 립스틱

14 **BB cream** [비비 크림] 비비크림

15 **foundation** [파운데이션] 파운데이션

16 **comb** [코움] 빗

17 **candy** [캔디] 사탕

1 껌 gum	2 초콜릿 chocolate	3 아이섀도 eye shadow
4 매니큐어 nail polish		5 향수 perfume
6 마스카라 mascara		7 파스 pain relief patch
8 카메라 camera	9 붓 brush	10 책 book
11 거울 mirror		12 핸드폰 케이스 cellphone case
13 옥 jade	14 금 gold	15 은 silver
16 청동 bronze		17 에센스 essence

1 **gum** [검] 껌
2 **chocolate** [춰컬릿] 초콜릿
3 **eye shadow** [아이 쉐도우] 아이섀도
4 **nail polish** [네일 폴리쉬] 매니큐어
5 **perfume** [퍼퓸] 향수
6 **mascara** [매스캐러] 마스카라
7 **pain relief patch** [페인 륄맆 패취] 파스
8 **camera** [캐머러] 카메라
9 **brush** [브뤄쉬] 붓
10 **book** [북] 책
11 **mirror** [미러] 거울
12 **cellphone case** [쎌폰 케이스] 핸드폰 케이스
13 **jade** [제이드] 옥
14 **gold** [골드] 금
15 **silver** [실버] 은
16 **bronze** [브론즈] 청동
17 **essence** [에쎈스] 에센스

1 수분크림 moisturizer	2 영양크림 nutrient cream

💕 관련대화

A : 청바지는 어디에서 파나요?
Where do you sell jeans?
웨어 두 유 쎌 진스

B : 2층에서 팝니다.
They are on the second floor.
데이 아 온 더 쎄컨 플로워

C : (2층 점원) 무엇을 도와드릴까요?
(2nd floor clerk) What can I do for you?
왓 캔 아이 두 포 유

A : 청바지를 사려고 합니다. 구경 좀 할게요.
I want to buy jeans. Can I take a look?
아이 원투 바이 진스 캔 아이 테이커 룩

C : 편하게 구경하세요.
Feel free to look around.
필 프리 투 룩 어롸운드

1 **moisturizer** [모이스춰롸이저] **수분 크림**   2 **nutrient cream** [누트뤼언트 크림] **영양크림**

짝퉁제품	imitation	이미테이션
바코드	bar code	바 코드
계산원	cashier	캐쉬어
선물	gift	기프트
상표	brand	브랜드
현금	cash	캐쉬
지폐	bill	빌
동전	coin	코인
환불	refund	뤼펀드

콩 심은 데 콩 나고 팥 심은 데 팥 난다.
As you sow, so you reap.
애즈 유 쏘우, 쏘 유 륖

Unit 02 색상

1 **빨간색** red	2 **주황색** orange	3 **노란색** yellow
4 **초록색** green	5 **파란색** blue	6 **남색** navy
7 **보라색** purple	8 **상아색** ivory	9 **황토색** ocher
10 **검은색** black	11 **회색** gray	12 **흰색** white
13 **갈색** brown	14 **분홍색** pink	

1 **red** [뤠드] 빨간색
2 **orange** [어륀쥐] 주황색
3 **yellow** [옐로우] 노란색
4 **green** [그륀] 초록색
5 **blue** [블루] 파란색
6 **navy** [네이비] 남색
7 **purple** [퍼플] 보라색
8 **ivory** [아이버뤼] 상아색
9 **ocher** [오우커] 황토색
10 **black** [블랙] 검은색
11 **gray** [그뤠이] 회색
12 **white** [와일] 흰색
13 **brown** [브롸운] 갈색
14 **pink** [핑크] 분홍색

A : 좋아하는 색깔이 뭐예요?

What color do you like?

왓 컬러 두 유 라익

B : 저는 파란색을 좋아해요. 파란색을 보면 마음이 편해져요.

I like blue. It makes me feel better.

아이 라익 블루 잇 메익스 미 필 베러

A : 그래요? 저는 초록색을 보면 마음이 편해지더라고요.

Do you? I'm feeling better when I see green.

두 유? 아임 필링 베러 웬 아이 씨 그륀

관련단어

의상	costume	카스튭
직물	fabric	패브릭
감촉	texture	텍스쳐
모피	fur	퍼
단정한	neat	닡
방수복	waterproof clothes	워러프룹 클로쓰
차려입다	dress up	드레썹
장식하다	ornament	오너먼트
사치	luxury	럭셔리
어울리는	fit	핕

Unit 03 구매 표현

1 이것 this	**2 저것** that
3 더 화려한 more colorful	**4 더 수수한** more modest
5 더 큰 larger	**6 더 작은** smaller
7 더 무거운 heavier	**8 더 가벼운** lighter
9 더 긴 longer	**10 더 짧은** shorter
11 유행상품 trend goods	**12 다른 종류** different types
13 다른 디자인 different design	**14 다른 색깔** different color

1 **this** [디스] 이것
2 **that** [댙] 저것
3 **more colorful** [모어 컬러풀] 더 화려한
4 **more modest** [모어 마디스트] 더 수수한
5 **larger** [라쥐] 더 큰
6 **smaller** [스몰러] 더 작은
7 **heavier** [헤비어] 더 무거운
8 **lighter** [라이러] 더 가벼운
9 **longer** [롱거] 더 긴
10 **shorter** [쇼러] 더 짧은
11 **trend goods** [트렌드 굿즈] 유행상품
12 **different types** [디퍼런 타입스] 다른 종류
13 **different design** [디퍼런 디자인] 다른 디자인
14 **different color** [디퍼런 컬러] 다른 색깔

1 **더 싼** cheaper	2 **더 비싼** more expensive
3 **신상품** new product	4 **세일 상품** sale goods
5 **입다** put on	6 **신다** put on
7 **메다** shoulder	8 **먹다** eat
9 **바르다** put on	10 **들다** hold
11 **만지다** touch	12 **쓰다** write
13 **착용하다** put on	14 **몇몇의** some

1 **cheaper** [취퍼] 더 싼
2 **more expensive** [모어 익스펜씨브] 더 비싼
3 **new product** [뉴 프라덕트] 신상품
4 **sale goods** [쎄일 굿즈] 세일 상품
5 **put on** [푸론] 입다
6 **put on** [푸론] 신다
7 **shoulder** [숄더] 메다
8 **eat** [잍] 먹다
9 **put on** [푸론] 바르다
10 **hold** [홀드] 들다
11 **touch** [터취] 만지다
12 **write** [롸잍] 쓰다
13 **put on** [푸론] 착용하다
14 **some** [썸] 몇몇의

💝 관련대화

A : 이걸로 할게요. 얼마인가요?
   I'll take this. How much is it?
   아일 테익 디스 하우 머춰 이즈 잇

B : 10달러입니다.
   It's ten dollars.
   잇츠 텐 달러스

💝 관련단어

쇼핑몰	shopping mall	샤핑 몰
상품	product	프라덕트
하자가 있는	defective	디펙티브
환불	refund	뤼펀드
구입하다	purchase	퍼춰스
영수증	receipt	리씥
보증서	guarantee	개런티
세일	sale	쩨일
계산대	counter	카운터
저렴한	cheap	췺
품절된	sold out	쏠드 아웃
재고정리	clearance	클리어런스
신상품	new product	뉴 프라덕트
공짜의	free	프리

Chapter

10 도시

Unit 01 자연물 또는 인공물

1 **강** river		2 **과수원** orchard	
3 **나무** tree		4 **논** rice paddy	
5 **농작물** crop		6 **동굴** cave	
7 **들판** field		8 **바다** sea	
9 **밭** field		10 **사막** desert	

1 **river** [뤼버] 강

2 **orchard** [오춰드] 과수원

3 **tree** [트뤼] 나무

4 **rice paddy** [롸이스 페디] 논

5 **crop** [크뢉] 농작물

6 **cave** [케이브] 동굴

7 **field** [필드] 들판

8 **sea** [씨] 바다

9 **field** [필드] 밭

10 **desert** [데절] 사막

1 산 mountain		**2 섬** island	
3 삼림 forest		**4 습지** wetland	
5 연못 pond		**6 저수지** reservoir	
7 초원 grassland		**8 폭포** waterfall	
9 해안 coast		**10 협곡** canyon	
11 호수 lake		**12 목장** farm	
13 바위 rock			

1 **mountain** [마운튼] 산
2 **island** [아일런드] 섬
3 **forest** [퍼리슽] 삼림
4 **wetland** [웻랜드] 습지
5 **pond** [판드] 연못
6 **reservoir** [뤠저브와] 저수지
7 **grassland** [그래스랜드] 초원

8 **waterfall** [워러폴] 폭포
9 **coast** [코우슽] 해안
10 **canyon** [캐년] 협곡
11 **lake** [레잌] 호수
12 **farm** [팜] 목장
13 **rock** [롹] 바위

A : 사막에 가본 적이 있나요?

Have you ever been to the desert?

해뷰 에버 빈 투 더 데젙

B : 네, 가본 적이 있어요.

Yes, I've been there.

예쓰 아이브 빈 데어

관련단어

수확하다	reap	륖
씨를 뿌리다	sow	쏘우
온도	temperature	템퍼리춰
지평선, 수평선	horizon	허롸이즌
화석	fossil	파쓸
습도	humidity	휴미디티
대지	Mother earth	마더 어쓰
모래	sand	쌘드
산등성이	ridge	릿지

Unit 02 도시 건축물

1 **우체국** post office	2 **은행** bank	3 **경찰서** police station

4 **병원** hospital	5 **편의점** convenience store
6 **호텔** hotel	7 **서점** bookstore
8 **백화점** department store	9 **노래방** singing room
10 **커피숍** coffee shop	11 **영화관** movie theater
12 **문구점** stationery store	13 **제과점** bakery
14 **놀이공원** amusement park	15 **주유소** gas station

Chapter 10 도시

1 **postoffice** [포스트 어피스] **우체국**

2 **bank** [뱅크] **은행**

3 **police station** [폴리쓰테이션] **경찰서**

4 **hospital** [하스피럴] **병원**

5 **convenience store** [컨비니언스 토어] **편의점**

6 **hotel** [호텔] **호텔**

7 **bookstore** [북스토어] **서점**

8 **department store** [디팟먼 스토어] **백화점**

9 **singing room** [씽잉 룸] **노래방**

10 **coffee shop** [커피 샵] **커피숍**

11 **movie theater** [무비 씨어러] **영화관**

12 **stationery store** [스테이셔너뤼 스토어] **문구점**

13 **bakery** [베이커뤼] **제과점**

14 **amusement park** [어뮤즈먼트 팍] **놀이공원**

15 **gas station** [개쓰테이션] **주유소**

1 성당 Catholic church	2 교회 church
3 번화가 main street	4 미술관 art museum	5 학교 school

1 성당 Catholic church		2 교회 church	
3 번화가 main street	4 미술관 art museum	5 학교 school	
6 이슬람사원 mosque	7 분수 fountain	8 공원 park	
9 댐 dam	10 정원 garden	11 사우나 sauna	
12 식물원 botanical garden		13 동물원 zoo	
14 광장 square		15 다리 bridge	
16 박물관 museum		17 기념관 memorial hall	

1 **Catholic church** [캐톨릭 춸춰] 성당
2 **church** [춸춰] 교회
3 **main street** [메인 스트맅] 번화가
4 **art museum** [아트 뮤지엄] 미술관
5 **school** [스쿨] 학교
6 **mosque** [모스크] 이슬람사원
7 **fountain** [파운튼] 분수
8 **park** [팍] 공원
9 **dam** [댐] 댐
10 **garden** [가든] 정원
11 **sauna** [싸우너] 사우나
12 **botanical garden** [버테니컬 가든] 식물원
13 **zoo** [주] 동물원
14 **square** [스퀘어] 광장
15 **bridge** [브리쥐] 다리
16 **museum** [뮤지엄] 박물관
17 **memorial hall** [메모리얼 홀] 기념관

¹ 약국 pharmacy	² 소방서 fire station	³ 도서관 library
⁴ 미용실 beauty shop		⁵ 관광안내소 tourist information office
⁶ 세탁소 laundry	⁷ PC방 PC bang	⁸ 목욕탕 public bath
⁹ 발마사지샵 foot massage shop	¹⁰ 마사지샵 massage shop	

관련대화

A : 미국에도 한국식 사우나가 있나요?
Is there a Korean sauna in America?
이즈 데어러 코뤼안 싸우너 인 어메뤼카

B : 그럼요, 미국의 한국식 사우나는 규모가 엄청 커요.
Sure, the Korean sauna in America is huge.
슈어 더 코뤼안 싸우너 인 어메뤼카 이즈 휴쥐

1 **pharmacy** [파머씨] 약국
2 **fire station** [파이어 스테이션] 소방서
3 **library** [라이브러뤼] 도서관
4 **beauty shop** [뷰리 샵] 미용실
5 **tourist information office** [투어리스트 인포메이션 어피스] 관광안내소

6 **laundry** [런드뤼] 세탁소
7 **PC bang** [피씨 방] PC방
8 **public bath** [퍼블릭 배쓰] 목욕탕
9 **foot massage shop** [풋 머싸쥐 샵] 발마사지샵
10 **massage shop** [머싸쥐 샵] 마사지샵

Chapter 11 스포츠, 여가

Unit 01 운동

1 **볼링** bowling	2 **암벽등반** rock-climbing
3 **활강** downhill	4 **패러글라이딩** paragliding
5 **번지점프** bungee jump	6 **낚시** fishing
7 **인공암벽** sports climbing	8 **바둑** go
9 **카레이싱** car racing	10 **윈드서핑** windsurfing	11 **골프** golf

1 **bowling** [보울링] 볼링
2 **rock-climbing** [롹클라이밍] 암벽등반
3 **downhill** [다운힐] 활강
4 **paragliding** [패러글라이딩] 패러글라이딩
5 **bungee jump** [번지 점프] 번지점프
6 **fishing** [피슁] 낚시
7 **sports climbing** [스포츠 클라이밍] 인공암벽
8 **go** [고] 바둑
9 **car racing** [카 레이씽] 카레이싱
10 **windsurfing** [윈드써핑] 윈드서핑
11 **golf** [골프] 골프

1 **테니스** tennis	2 **스키** ski	3 **유도** judo
4 **체조** gymnastics	5 **승마** horseback riding	
6 **축구** soccer	7 **배구** volleyball	
8 **야구** baseball	9 **농구** basketball	
10 **탁구** table tennis	11 **검술** swordsmanship	
12 **수영** swimming	13 **경마** horse racing	
14 **권투** boxing	15 **태권도** taekwondo	

1 **tennis** [테니스] 테니스
2 **ski** [스키] 스키
3 **judo** [주도] 유도
4 **gymnastics** [짐내스틱스] 체조
5 **horseback riding** [홀스백 롸이딩] 승마
6 **soccer** [싸커] 축구
7 **volleyball** [발리볼] 배구
8 **baseball** [베이스볼] 야구
9 **basketball** [배스킷볼] 농구
10 **table tennis** [테이블 테니스] 탁구
11 **swordsmanship** [스워즈맨쉽] 검술
12 **swimming** [스위밍] 수영
13 **horse racing** [홀스 레이씽] 경마
14 **boxing** [박씽] 권투
15 **taekwondo** [태권도] 태권도

1 검도 kendo		2 무에타이 Muay Thai	
3 격투기 martial arts		4 씨름 ssireum (Korean wrestling)	
5 당구 billiards		6 배드민턴 badminton	
7 럭비 rugby		8 스쿼시 squash	
9 아이스하키 ice hockey		10 핸드볼 handball	
11 등산 (취미) hiking / (전문적) climbing		12 인라인스케이팅 inline skating	
13 조정 rowing		14 사이클 cycling	

1 **kendo** [켄도] 검도
2 **Muay Thai** [무에이 타이] 무에타이
3 **martial arts** [마샬 아츠] 격투기
4 **ssireum (Korean wrestling)** [코뤼안 뤠슬링] 씨름
5 **billiards** [빌려즈] 당구
6 **badminton** [배드민튼] 배드민턴
7 **rugby** [뤅비] 럭비
8 **squash** [스쿼쉬] 스쿼시
9 **ice hockey** [아이스 하키] 아이스하키
10 **handball** [핸드볼] 핸드볼
11 **(취미)hiking/(전문적)climbing** [하이킹/클라이밍] 등산
12 **inline skating** [인라인 스케이링] 인라인스케이팅
13 **rowing** [로잉] 조정
14 **cycling** [싸이클링] 사이클

1 **요가** yoga	2 **스카이다이빙** sky diving
3 **행글라이딩** hang gliding	4 **피겨스케이팅** figure skating
5 **롤러스케이팅** roller skating	6 **양궁** archery
7 **스노클링** snorkeling	8 **스쿠버다이빙** scuba diving

9 **해머던지기** hammer throw	10 **멀리뛰기** long jump	11 **창던지기** javelin

12 **마라톤** marathon	13 **펜싱** fencing
14 **쿵푸** kung fu	15 **합기도** hapkido

1 **yoga** [요가] 요가
2 **sky diving** [스카이 다이빙] 스카이다이빙
3 **hang gliding** [행 글라이딩] 행글라이딩
4 **figure skating** [피겨 스케이링] 피겨스케이팅
5 **roller skating** [로울러 스케이링] 롤러스케이팅
6 **archery** [아춰뤼] 양궁
7 **snorkeling** [스노클링] 스노클링
8 **scuba diving** [스쿠버 다이빙] 스쿠버다이빙
9 **hammer throw** [해머 쓰로우] 해머던지기
10 **long jump** [롱 점프] 멀리뛰기
11 **javelin** [제블린] 창던지기
12 **marathon** [매러썬] 마라톤
13 **fencing** [펜씽] 펜싱
14 **kung fu** [쿵 푸] 쿵푸
15 **hapkido** [합기도] 합기도

1 공수도 karate	2 레슬링 wrestling
3 스모 sumo	4 줄넘기 jump rope
5 뜀틀 vault	6 에어로빅 aerobics
7 아령운동 dumbbell exercise	8 역도 weight lifting

관련대화

A : 무슨 운동을 좋아하세요?
What kind of exercise do you like?
왓 카인덥 엑써싸이즈 두 유 라익

B : 저는 볼링을 좋아해요.
I like bowling.
아이 라익 보울링

A : 배우고 싶은 운동은 있나요?
What kind of exercise do you want to learn?
왓 카인덥 엑써싸이즈 두 유 원투 런

1 **karate** [카라리] 공수도
2 **wrestling** [뤠슬링] 레슬링
3 **sumo** [수모] 스모
4 **jump rope** [점프 롶] 줄넘기
5 **vault** [벌트] 뜀틀
6 **aerobics** [에로빅스] 에어로빅
7 **dumbbell exercise** [덤벨 엑써싸이즈] 아령운동
8 **weight lifting** [웨잇 리프팅] 역도

B : 스키 타는 법을 배우고 싶어요.

I would like to learn how to ski.

아이 옷 라익 투 런 하우 투 스키

💕 관련단어

야구공	baseball	베이스볼
야구방망이	bat	뱃
축구공	football	풋볼
축구화	soccer shoes	싸커 슈즈
글러브	glove	글럽
헬멧	helmet	헬밑
테니스공	tennis ball	테니스 볼
라켓	racket	롸킽
수영복	swimsuit	스윔숱
튜브	tube	툽
수영모	swim cap	스윔 캪
러닝머신	treadmill	트뤠드밀
코치	coach	코우취
유산소운동	aerobic exercise	에로빅 엑써싸이즈
무산소운동	anaerobic exercise	애너로빅 엑써싸이즈
근력운동	weight training	웨잇 트뤠이닝
호흡운동 (숨쉬기운동)	breathing exercise	브리딩 엑써싸이즈
수경	swim goggles	스윔 가글스

Unit 02 오락, 취미

1 영화 감상 watching movies	2 음악 감상 listening to music

3 여행 travel	4 독서 reading	5 춤추기 dancing
6 노래 부르기 singing	7 운동 exercise	8 등산 hiking

9 수중잠수 scuba diving	10 악기 연주 playing a musical instrument

11 요리 cooking	12 사진 찍기 taking pictures	13 정원 가꾸기 gardening

14 우표 수집 stamp collecting	15 낚시 fishing

1 **watching movies** [와칭 무비스] 영화 감상

2 **listening to music** [리쓰닝 투 뮤직] 음악 감상

3 **travel** [트래블] 여행

4 **reading** [뤼딩] 독서

5 **dancing** [댄씽] 춤추기

6 **singing** [씽잉] 노래 부르기

7 **exercise** [엑써싸이즈] 운동

8 **hiking** [하이킹] 등산

9 **scuba diving** [스쿠버 다이빙] 수중 잠수

10 **playing a musical instrument** [플레잉 어 뮤지컬 인스트러먼트] 악기 연주

11 **cooking** [쿠킹] 요리

12 **taking pictures** [테이킹 픽춰스] 사진 찍기

13 **gardening** [가드닝] 정원 가꾸기

14 **stamp collecting** [스탬프 컬렉팅] 우표 수집

15 **fishing** [피씽] 낚시

1 십자수 cross-stitch	2 TV 보기 watching TV
3 드라이브 drive	4 빈둥거리기 loafing at home
5 인터넷 surfing the Internet	6 게임 game
7 아이쇼핑하기 window shopping	8 캠핑 가기 camping
9 포커 poker game	10 장기 Korean chess
11 도예 making pottery	12 뜨개질 knitting
13 맛집 탐방 visiting good restaurants	14 일하기 working

1 **cross-stitch** [크로쓰티취] 십자수
2 **watching TV** [와칭 티비] TV 보기
3 **drive** [드라이브] 드라이브
4 **loafing at home** [로핑 앳 홈] 빈둥 거리기
5 **surfing the Internet** [서핑 디 이 너넷] 인터넷
6 **game** [게임] 게임
7 **window shopping** [윈도우 샤핑] 아이쇼핑하기

8 **camping** [캠핑] 캠핑 가기
9 **poker game** [포커 게임] 포커
10 **Korean chess** [코뤼안 체스] 장기
11 **making pottery** [메이킹 포러뤼] 도예
12 **knitting** [니딩] 뜨개질
13 **visiting good restaurants** [비지팅 굿 뤠스토런츠] 맛집 탐방
14 **working** [워킹] 일하기

A : 취미가 뭐예요?

What is your hobby?

왓 이즈 유어 하비

B : 저는 영화 보는 걸 좋아해요.

I like watching movies.

아이 라익 와칭 무비스

A : 주말에는 뭐하세요?

What do you do on the weekend?

왓 두 유 두 온 더 위켄드

B : 주말에는 독서해요.

I read books on weekends.

아이 뤼드 북스 온 위켄즈

Unit 03 악기

1 기타 guitar	**2 피아노** piano	**3 색소폰** saxophone
4 플루트 flute	**5 하모니카** harmonica	**6 클라리넷** clarinet
7 트럼펫 trumpet	**8 하프** harp	
9 첼로 cello	**10 아코디언** accordion	
11 드럼 drum	**12 실로폰** xylophone	
13 거문고 geomungo (Korean zither with six strings)	**14 가야금** gayageum (Korean zither with twelve strings)	

Chapter 11 스포츠, 악기

1 **guitar** [기타] **기타**
2 **piano** [피애노] **피아노**
3 **saxophone** [쌕써폰] **색소폰**
4 **flute** [플룻] **플루트**
5 **harmonica** [하마니커] **하모니카**
6 **clarinet** [클래러넽] **클라리넷**
7 **trumpet** [트럼핕] **트럼펫**
8 **harp** [핲] **하프**
9 **cello** [첼로] **첼로**

10 **accordion** [어코디언] **아코디언**
11 **drum** [드럼] **드럼**
12 **xylophone** [좌일러폰] **실로폰**
13 **geomungo (Korean zither with six strings)** [코뤼안 지더 윗 씩스 스트링스] **거문고**
14 **gayageum (Korean zither with twelve strings)** [코뤼안 지더 윗 트웰브 스트링스] **가야금**

1 대금 daegeum (large transverse bamboo flute)	**2 장구** janggu(double-headed Korean drum)
3 징 jing (large gong)	**4 해금** haegeum (Korean fiddle)
5 단소 danso (small bamboo flute)	**6 리코더** recorder

7 오카리나 ocarina	**8 바이올린** violin	**9 비올라** viola

💗 **관련대화**

A : 어떤 악기를 다룰 줄 아세요?

What instruments can you play?

왓 인스트러먼츠 캔 유 플레이

B : 저는 피아노를 다룰 수 있어요.

I can play the piano.

아이 캔 플레이 더 피애노

1 **daegeum (large transverse bamboo flute)** [라지 트랜스벌스 뱀부 플룻] 대금

2 **janggu (double-headed Korean drum)** [더블 헤디드 코뤼안 드륌] 장구

3 **jing (large gong)** [라지 공] 징

4 **haegeum (Korean fiddle)** [코뤼안 피들] 해금

5 **danso(small bamboo flute)** [스몰 뱀부 플룻] 단소

6 **recorder** [뤼코더] 리코더

7 **ocarina** [아커뤼나] 오카리나

8 **violin** [바이얼린] 바이올린

9 **viola** [비얼라] 비올라

Unit 04 여가

1 휴양하다 **take a rest**	2 관광하다 **go sightseeing**
3 기분전환하다 **refresh oneself**	4 참관하다 **visit**
5 탐험하다 **explore**	6 건강관리 **health care**

관련대화

A : 기분이 안 좋을 때 어떻게 기분전환하시나요?
What makes you feel refreshed when you feel bad?
왓 메익스 유 필 뤼프뤠쉬드 웬 유 필 밷

B : 저는 여행을 가면 기분이 나아져요.
When I go on a trip, I feel better.
웬 아이 고 오너 트립 아이 필 베러

---

1 **take a rest** [테이커 뤠스트] **휴양하다**
2 **go sightseeing** [고 싸잇씽] **관광하다**
3 **refresh oneself** [리프뤠쉬 원셀프] **기분전환하다**
4 **visit** [비짓] **참관하다**
5 **explore** [익스플로어] **탐험하다**
6 **health care** [헬쓰 케어] **건강관리**

1 **영화관** movie theater	2 **매표소** ticket office
3 **히트작** megaseller	4 **매점** snack bar
5 **공포영화** horror film	6 **코미디영화** comedy film
7 **액션영화** action film	8 **어드벤처영화** adventure film
9 **스릴러영화** thriller film	10 **주연배우** leading actor
11 **조연배우** supporting actor	12 **남자주인공** hero

13 **여자주인공** heroine   14 **영화사** film company   15 **감독** director

---

1 **movie theater** [무비 씨어러] **영화관**

2 **ticket office** [티킷 어피스] **매표소**

3 **megaseller** [메거쎌러] **히트작**

4 **snack bar** [스낵 바] **매점**

5 **horror film** [허러 퓜] **공포영화**

6 **comedy film** [카머디 퓜] **코미디영화**

7 **action film** [액션 퓜] **액션영화**

8 **adventure film** [어드벤춰 퓜] **어드벤처영화**

9 **thriller film** [쓰릴러 퓜] **스릴러영화**

10 **leading actor** [리딩 액터] **주연배우**

11 **supporting actor** [써포링 액터] **조연배우**

12 **hero** [히로우] **남자주인공**

13 **heroine** [헤로우인] **여자주인공**

14 **film company** [퓜 컴퍼니] **영화사**

15 **director** [디뤡터] **감독**

관련대화

A : 스릴러 영화 좋아하세요?
Do you like thriller movies?
두 유 라익 쓰릴러 무비스

B : 아니요. 저는 무서운 건 싫어요. 저는 로맨틱영화를 좋아합니다.
No. I hate scary things. I like romantic movies.
노 아이 헤잇 스캐리 씽스. 아이 라익 로맨틱 무비스

관련단어

뮤지컬영화	musical film	뮤지컬 퓜
다큐멘터리영화	documentary	다큐멘터뤼
로맨틱영화	romantic film	로맨틱 퓜

Part 2

여행 단어

Chapter

01 공항에서

Unit 01 공항

1 국내선 domestic flight		2 국제선 international flight	
3 탑승창구 check-in counter		4 항공사 airline	
5 탑승수속 check-in		6 항공권 airline ticket	
7 여권 passport		8 탑승권 boarding pass	
9 금속탐지기 metal detector		10 창가좌석 window seat	

1 **domestic flight** [더메스틱 플라잍] **국내선**
2 **international flight** [인터내셔널 플라잍] **국제선**
3 **check-in counter** [췌크인 카운터] **탑승창구**
4 **airline** [에어라인] **항공사**
5 **check-in** [췌크인] **탑승수속**
6 **airline ticket** [에어라인 티킽] **항공권**
7 **passport** [패스폴] **여권**
8 **boarding pass** [보딩 패스] **탑승권**
9 **metal detector** [메틀 디텍터] **금속탐지기**
10 **window seat** [윈도우 앁] **창가좌석**

1 **통로좌석** aisle seat	2 **위탁수하물** checked baggage
3 **수하물 표** baggage claim tag	4 **초과 수하물 운임** excess baggage charge
5 **세관** customs	6 **신고하다** declare
7 **출국신고서** departure card	8 **면세점** duty-free shop
9 **입국심사** immigration inspection	10 **여행자 휴대품 신고서** customs declaration form
11 **비자** visa	12 **세관원** customs officer

1 **aisle seat** [아일 씰] **통로좌석**

2 **checked baggage** [쳌트 배기쥐] **위탁수하물**

3 **baggage claim tag** [배기쥐 클레임 택] **수하물 표**

4 **excess baggage charge** [익쎄스 배기쥐 촤쥐] **초과 수하물 운임**

5 **customs** [커스텀스] **세관**

6 **declare** [디클레어] **신고하다**

7 **departure card** [디파춰 카드] **출국신고서**

8 **duty-free shop** [듀티프리 샾] **면세점**

9 **immigration inspection** [이미그뤠이션 인스펙션] **입국심사**

10 **customs declaration form** [커스텀스 데클러뤠이션 폼] **여행자 휴대품 신고서**

11 **visa** [비자] **비자**

12 **customs officer** [커스텀스 어피써] **세관원**

A : 여권과 신고서를 보여주세요. 신고할 물건이 있나요?

Please show me your passport and declaration form. Do you have anything to declare?

플리즈 쇼 미 유어 패스폿 앤 데클러레이션 폼 두 유 해브 애니씽 투 디클레어

B : 신고할 물건이 없습니다.

There is nothing to declare.

데어스 낫씽 투 디클레어

A : 가방을 열어주시겠어요?

Could you open your bag?

쿠쥬 오픈 유어 백

B : 이것은 개인 소지품입니다.

This is my personal belongings.

디스 이즈 마이 퍼스널 비롱잉스

관련단어

목적지	destination	데스티네이션
도착	arrival	얼라이벌
방문 목적	purpose of visit	퍼폴즈 업 비짙
체류기간	duration of stay	듀레이션 업 스테이
입국 허가	admission	어드미션
검역소	quarantine station	쿼런틴 스테이션
수하물 찾는 곳	baggage claim	배기쥐 클레임
리무진 버스	limousine	리무진

1 ① 창문 window	2 ② 승무원 flight attendant

3 ③ 객석 위쪽의 짐칸 overhead bin	4 ④ 에어컨 air conditioner

5 ⑤ 조명 lighting	6 ⑥ 모니터 monitor	7 ⑦ 좌석(자리) seat	8 ⑧ 구명조끼 life jacket

9 ⑨ 호출버튼 call button	10 ⑩ (기내로 가져온) 짐 carry-on baggage	11 ⑪ 안전벨트 safety belt

1 **window** [윈도우] 창문
2 **flight attendant** [플라잇 어텐던트] 승무원
3 **overhead bin** [오버헤드 빈] 객석 위쪽의 짐칸
4 **air conditioner** [에어 컨디셔너] 에어컨
5 **lighting** [라이팅] 조명

6 **monitor** [마니터] 모니터
7 **seat** [씰] 좌석(자리)
8 **life jacket** [라입 재킽] 구명조끼
9 **call button** [콜 버튼] 호출버튼
10 **carry-on baggage** [캐뤼온 배기쥐] (기내로 가져온) 짐
11 **safety belt** [세이프티 벨트] 안전벨트

1 ⑫ **통로** aisle	2 ⑬ **비상구** emergency exit	3 ⑭ **화장실** restroom	4 ⑮ **이어폰** earphones

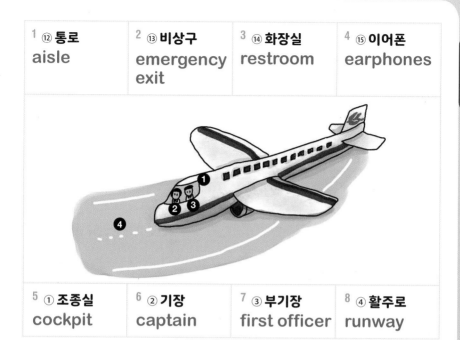

5 ① **조종실** cockpit	6 ② **기장** captain	7 ③ **부기장** first officer	8 ④ **활주로** runway

🐾 관련대화

A : 자리를 좀 찾아주시겠어요?

Could you find my seat?

쿠쥬 파인 마이 씰

B : 오른쪽 앞에서 5번째 창가 좌석이십니다.

It is fifth from the front, window seat on the right.

잇 이즈 핍쓰 프럼 더 프런트 윈도우 씻 온 더 롸잍

---

1 **aisle** [아일] **통로**

2 **emergency exit** [이머젼씨 엑씰]
비상구

3 **restroom** [뤠스트룸] **화장실**

4 **earphones** [이어폰즈] **이어폰**

5 **cockpit** [칵핏] **조종실**

6 **captain** [캡튼] **기장**

7 **first officer** [펄스트 어피써] **부기장**

8 **runway** [뤈웨이] **활주로**

A : 감사합니다.
Thank you.
쌩큐

B : 별 말씀을요.
You're welcome.
유어 웰컴

💗 관련단어

도착 예정 시간	estimated time of arrival	에스티메이티드 타이머브 얼라이벌
이륙하다	take off	테이커프
착륙하다	land	랜드
무료 서비스	free service	프리 써비스
(화장실 등이) 사용 중	occupied	오큐파이드
금연 구역	non-smoking area	넌스모킹 에뤼어
시차 피로	jet lag	젯 래그
~를 경유하여	via	비아
직항	direct flight	디뤡트 플라잍
좌석 벨트를 매다	fasten one's seat belt	패슨 원즈 씻 벨트
연기, 지연	delay	딜레이

Unit 03 기내 서비스

1 신문 newspaper	2 면세품 목록 duty-free catalog

3 잡지 magazine	4 담요 blanket	5 베개 pillow

6 입국카드 disembarkation card	7 티슈 tissue

8 음료수 drink	9 기내식 in-flight meal	10 맥주 beer

11 와인 wine	12 물 water

13 커피 coffee	14 차 tea

1 **newspaper** [뉴스페이퍼] 신문
2 **duty-free catalog** [듀티프리 캐털로그] 면세품 목록
3 **magazine** [매거진] 잡지
4 **blanket** [블랭킷] 담요
5 **pillow** [필로우] 베개
6 **disembarkation card** [디셈바케이션 카드] 입국카드
7 **tissue** [티슈] 티슈

8 **drink** [드링크] 음료수
9 **in-flight meal** [인플라잇 밀] 기내식
10 **beer** [비어] 맥주
11 **wine** [와인] 와인
12 **water** [워러] 물
13 **coffee** [커피] 커피
14 **tea** [티] 차

A : 무엇으로 드시겠어요?
   What would you like?
   왓 우쥬 라잌

B : 어떤 요리가 있나요?
   What kind of food do you have?
   왓 카인덥 푸드 두 유 햅

A : 닭고기 요리와 소고기 요리가 있습니다.
   There are chicken and beef.
   데얼 아 취킨 앤 빞

B : 닭고기 요리로 주세요.
   Chicken, please.
   취킨 플리즈

관련단어

이륙	take-off	테이커프
착륙	landing	랜딩
홍차	black tea	블랙 티
물티슈	wet wipe	웻 와잎
샐러드	salad	쌜러드
알로에주스	aloe juice	앨로우 쥬스
탄산음료	soda	소우다

말이 많은 사람은 거짓말도 많다.
A great talker is a great liar.
어 그뤠잇 토커 이즈 어 그뤠잇 라이어

Chapter
02 입국심사

Unit 01 입국 목적

1 비즈니스 business		2 여행 travel	
3 관광 sightseeing		4 회의 conference	
5 취업 employment		6 거주 settling down	
7 친척 방문 visiting relatives		8 공부 study	
9 귀국 returning home		10 휴가 vacation	

1 **business** [비즈니스] 비즈니스
2 **travel** [트래블] 여행
3 **sightseeing** [싸이트씨잉] 관광
4 **conference** [칸퍼런스] 회의
5 **employment** [임플로이먼트] 취업
6 **settling down** [세틀링 다운] 거주
7 **visiting relatives** [비지링 뤨러티브스] 친척 방문
8 **study** [스터디] 공부
9 **returning home** [뤼터닝 홈] 귀국
10 **vacation** [베케이션] 휴가

A : 방문목적은 무엇입니까?

What is the purpose of your visit?

왓 이즈 더 퍼포저브 유어 비짙

B : 사업차입니다.

I'm here on business.

아임 히얼 온 비즈니스

부엉이도 제 새끼가
가장 예쁘다고 생각한다.

The owl thinks her own
young fairest.

디 아울 씽쓰 허 오운 영 페어리스트

1 **호텔** hotel		2 **친척집** relative's house	
3 **친구집** friend's house			

🐾 관련대화

A : 어디서 머무시나요?

Where are you going to stay?

웨어 아 유 고잉 투 스테이

B : 뉴욕에 있는 힐튼 호텔에 머무를 것입니다.

I will stay at Hilton Hotel in New York.

아이 윌 스테이 앳 힐튼 호텔 인 뉴 욕

---

1 **hotel** [호텔] 호텔

2 **relative's house** [렐러티브스 하우스] 친척집

3 **friend's house** [프렌즈 하우스] 친구집

Chapter

03 숙소

1 예약 reservation	2 체크인 check-in	3 체크아웃 check-out
4 싱글룸 single room		5 더블룸 double room
6 트윈룸 twin room		7 스위트룸 suite room
8 일행 party		9 흡연실 smoking room
10 금연실 non-smoking room		11 방값 room charge

1 **reservation** [뤠져베이션] 예약

2 **check-in** [췌크인] 체크인

3 **check-out** [췌크아웃] 체크아웃

4 **single room** [씽글 룸] 싱글 룸

5 **double room** [더블 룸] 더블 룸

6 **twin room** [트윈 룸] 트윈 룸

7 **suite room** [스윗 룸] 스위트룸

8 **party** [파리] 일행

9 **smoking room** [스모킹 룸] 흡연실

10 **non-smoking room** [넌스모킹 룸] 금연실

11 **room charge** [룸 촤쥐] 방값

1 예약번호 reservation number	2 방카드 card key

🐾 관련대화

A : 방을 예약하려고 하는데요.
I'd like to book a room.
아이드 라익 투 부커 룸

B : 어떤 방을 원하세요?
Which room do you want?
휘취 룸 두 유 원트

A : 싱글룸을 원합니다.
I want a single room.
아이 워너 씽글 룸

🐾 관련단어

보증금	deposit	디파짙
환불	refund	뤼펀드
봉사료	service charge	써비스 촤쥐

1 **reservation number** [뤠져베이
션 넘버] 예약번호　2 **card key** [카드 키] 방카드

	1 ① **프런트** front desk
	2 ② **접수계원** receptionist
	3 ③ **도어맨** doorman

4 ④ **벨보이** bellboy	**5** ⑤ **사우나** sauna	**6** ⑥ **회의실** conference room
7 ⑦ **레스토랑** restaurant	**8** ⑧ **룸메이드** housekeeper	**9** ⑨ **회계** accounting staff

1 **front desk** [프런트 데스크] **프런트**

2 **receptionist** [뤼쎕셔니스트] **접수계원**

3 **doorman** [도어맨] **도어맨**

4 **bellboy** [벨보이] **벨보이**

5 **sauna** [싸우너] **사우나**

6 **conference room** [칸퍼런스 룸] **회의실**

7 **restaurant** [뤠스토뤄트] **레스토랑**

8 **housekeeper** [하우스키퍼] **룸메이드**

9 **accounting staff** [어카운팅 스탶] **회계**

A : 호텔의 사우나는 어디 있나요?

Where is the sauna?

웨어 이즈 더 싸우너

B : 직진해서 오른쪽으로 꺾으시면 돼요.

Go straight and turn right.

고 스트뤠잇 앤 턴 롸잍

A : 사우나는 공짜인가요?

Is it free?

이즈 잇 프리

B : 네, 그렇습니다.

Yes, it is.

예스 잇 이즈

1 **호텔** hotel		2 **캠핑** camping	
3 **게스트하우스** guesthouse		4 **유스호스텔** youth hostel	
5 **민박** B&B		6 **여관** inn	
7 **대학 기숙사** university dormitory			

1 **hotel** [호텔] 호텔
2 **camping** [캠핑] 캠핑
3 **guesthouse** [게스트하우스] 게스트 하우스
4 **youth hostel** [유쓰 호스텔] 유스호 스텔
5 **B&B** [비앤비] 민박
6 **inn** [인] 여관
7 **university dormitory** [유니버시 리 도미터뤼] 대학 기숙사

A : 호텔을 예약하려고요.
I'd like to make a reservation.
아이드 라익 투 메이커 뤠저베이션

B : 며칠이나 머무르실 거예요?
How long will you stay?
하우 롱 윌 유 스테이

A : 5월 1일 체크인해서 5월 4일 체크아웃할 거예요.
I will check in on May 1st and check out on May 4th.
아이 윌 췌킨 온 메이 펄스트 앤 췌카웃 온 메이 폴쓰

1 **모닝콜** wake up call	2 **세탁** laundry
3 **다림질** ironing	4 **드라이클리닝** dry cleaning
5 **방청소** cleaning up one's room	
6 **식당 예약** restaurant reservation	
7 **안마** massage	8 **식사** meal
9 **미니바** minibar	10 **팁** tip

1 **wake up call** [웨이컵 콜] **모닝콜**
2 **laundry** [런드뤼] **세탁**
3 **ironing** [아이어닝] **다림질**
4 **dry cleaning** [드롸이 클리닝] **드라이클리닝**
5 **cleaning up one's room** [클리닝 업 원스 룸] **방청소**
6 **restaurant reservation** [뤠스토런 뤠져베이션] **식당 예약**
7 **massage** [머싸쥐] **안마**
8 **meal** [밀] **식사**
9 **minibar** [미니바] **미니바**
10 **tip** [팁] **팁**

A : 룸서비스를 부탁드립니다.

Room service, please.

룸 써비스 플리즈

B : 네, 알겠습니다. 성함과 방번호가 어떻게 되세요?

Yes ma'am. What is your name and room number?

예스 맴 왓 이즈 유어 네임 앤 룸 넘버

A : 저는 제인이고요, 방번호는 22호입니다.

I'm Jane and the room number is 22.

아임 제인 앤 더 룸 넘버 이즈 트웨니투

Chapter 04 교통

Unit 01 탈것

1 비행기 air plane	2 헬리콥터 helicopter	3 케이블카 cable car
4 여객선 passenger ship	5 요트 yacht	6 잠수함 submarine
7 자동차 car	8 버스 bus	9 기차 train
10 지하철 subway	11 자전거 bike	12 트럭 truck

1 air plane [에어 플레인] 비행기
2 helicopter [헬리캅터] 헬리콥터
3 cable car [케이블 카] 케이블카
4 passenger ship [패씬져 쉽] 여객선
5 yacht [야트] 요트
6 submarine [썹마륀] 잠수함

7 car [카] 자동차
8 bus [버스] 버스
9 train [트뤠인] 기차
10 subway [썹웨이] 지하철
11 bike [바익] 자전거
12 truck [트럭] 트럭

1 **크레인** crane		2 **모노레일** monorail train	
3 **소방차** fire engine		4 **구급차** ambulance	
5 **이층버스** double-decker bus		6 **견인차** tow truck	
7 **고속버스** express bus		8 **레미콘** concrete mixer truck	
9 **순찰차** patrol car		10 **오토바이** motorcycle	
11 **증기선** steamship		12 **지게차** forklift truck	
13 **열기구** hot-air balloon		14 **스포츠카** sports car	
15 **밴** van			

1 **crane** [크뤠인] 크레인
2 **monorail train** [모노레일 트뤠인] 모노레일
3 **fire engine** [파이어 엔진] 소방차
4 **ambulance** [앰뷸런스] 구급차
5 **double-decker bus** [더블데커 버스] 이층버스
6 **tow truck** [토우 트럭] 견인차
7 **express bus** [익스프레스 버스] 고속버스

8 **concrete mixer truck** [콘크리트 믹써 트럭] 레미콘
9 **patrol car** [패트롤 카] 순찰차
10 **motorcycle** [모터싸이클] 오토바이
11 **steamship** [스팀쉽] 증기선
12 **forklift truck** [포크리픗 트럭] 지게차
13 **hot-air balloon** [핫에어 벌룬] 열기구
14 **sports car** [스포츠 카] 스포츠카
15 **van** [밴] 밴

A : 출근할 때 어떻게 해요?

How do you get to work?

하우 두 유 겟 투 월

B : 지하철로요.

By subway.

바이 썹웨이

좋은 말솜씨는 좋은 무기이다.

A good tongue is a good weapon.

어 굿 텅 이즈 어 굿 웨펀

1 ① 엑셀(가속페달) gas pedal	2 ② 브레이크 brake	3 ③ 백미러 rear-view mirror
4 ④ 핸들 steering wheel	5 ⑤ 클랙슨 klaxon	6 ⑥ 번호판 license plate
7 ⑦ 변속기 transmission	8 ⑧ 트렁크 trunk	9 ⑨ 클러치 clutch

1 **gas pedal** [개스 페들] 엑셀(가속페달)

2 **brake** [브레익] 브레이크

3 **rear-view mirror** [뤼어뷰 미러] 백미러

4 **steering wheel** [스티어링 윌] 핸들

5 **klaxon** [클랙슨] 클랙슨

6 **license plate** [라이슨스 플레잍] 번호판

7 **transmission** [트랜스미션] 변속기

8 **trunk** [트렁크] 트렁크

9 **clutch** [클러취] 클러치

1 ① 안장 saddle	2 ② 앞바퀴 front wheel	3 ③ 뒷바퀴 rear wheel
4 ④ 체인 chain	5 ⑤ 페달 pedal	

1 **saddle** [쌔들] 안장
2 **front wheel** [프런트 윌] 앞바퀴
3 **rear wheel** [뤼어 윌] 뒷바퀴
4 **chain** [췌인] 체인
5 **pedal** [패들] 페달

A : 트렁크를 좀 열어주세요.

Please open the trunk.

플리즈 오픈 더 트룅크

B : 네, 열었습니다.

Yes, I've opened it.

예스 아이브 오픈딧

😺 관련단어

안전벨트	safety belt	쎄이프리 벨트
에어백	airbag	에어백
배터리	battery	배러뤼
엔진	engine	엔쥔
LPG	liquefied petroleum gas	리쿼파이드 페트롤름 개스
윤활유	lubricant	루브리컨트
경유	diesel	디즐
휘발유	gasoline	개설린
세차	car wash	카 와쉬

1 **양보** Yield	2 **일시정지** Stop
3 **추월금지** Do Not Pass	4 **제한속도** Speed Limit
5 **일방통행** One-Way Traffic	6 **주차금지** No Parking
7 **우측통행** Keep Right	8 **진입금지** Do Not Enter
9 **유턴금지** No U-Turn	10 **낙석도로** Falling Rock
11 **어린이 보호구역** School Zone	

1 **Yield** [일드] 양보
2 **Stop** [스탚] 일시정지
3 **Do Not Pass** [두 낫 패스] 추월금지
4 **Speed Limit** [스피드 리밑] 제한속도
5 **One-Way Traffic** [원웨이 트래픽] 일방통행
6 **No Parking** [노 파킹] 주차금지
7 **Keep Right** [킵 롸잍] 우측통행
8 **Do Not Enter** [두 낫 엔터] 진입금지
9 **No U-Turn** [노 유턴] 유턴금지
10 **Falling Rock** [폴링 롹] 낙석도로
11 **School Zone** [스쿨 존] 어린이 보호구역

A : 여기는 어린이 보호구역이네요.

This is a school zone.

디스 이저 스쿨 존

B : 네, 그래서 주행속도를 낮춰야 해요.

Yes, so we have to slow down the car.

예스 쏘 위 햅투 슬로우 다운 더 카

일찍 일어나는 새가 벌레를 잡는다.

The early bird catches the worm.

디 얼리 버드 캐취스 더 웜

1 **좌회전** left turn	↖	2 **우회전** right turn	↗
3 **직진** go straight	↑	4 **백 (back)** back	↓
5 **유턴** U-turn	↩	6 **동서남북** four cardinal directions	

🐤 관련대화

A : 도서관은 어떻게 가나요?
How do I get to the library?
하우 두 아이 겟 투 더 라이브러뤼

B : 여기에서 직진하세요.
Go straight from here.
고 스트뤠잇 프럼 히어

---

1 **left turn** [레픗 턴] **좌회전**

2 **right turn** [롸잇 턴] **우회전**

3 **go straight** [고 스트레잍] **직진**

4 **back** [백] **백 (back)**

5 **U-turn** [유턴] **유턴**

6 **four cardinal directions** [포 카디널 디뤡션스] **동서남북**

후진하다	back	백
고장 나다	break	브레익
(타이어가) 펑크 나다	go flat	고 플랫
견인하다	tow	토우
갈아타다	transfer	트랜스퍼
교통 체증	traffic jam	트래픽 잼
주차위반 딱지	parking ticket	파킹 티킽
지하철노선도	subway map	썹웨이 맵
대합실	waiting room	웨이링 룸
운전기사	driver	드라이버
운전면허증	driver's license	드라이버스 라이센스
중고차	used car	유즈드 카

1 신호등 traffic light		**2 횡단보도** crosswalk	
3 주유소 gas station		**4 인도** sidewalk	
5 차도 roadway		**6 고속도로** expressway	
7 교차로 intersection		**8 지하도** underground passage	
9 버스정류장 bus stop		**10 방향표지판** signpost	
11 육교 pedestrian overpass		**12 공중전화** payphone	

1 **traffic light** [트래픽 라잍] 신호등
2 **crosswalk** [크로스웤] 횡단보도
3 **gas station** [개스테이션] 주유소
4 **sidewalk** [사이드웤] 인도
5 **roadway** [로드웨이] 차도
6 **expressway** [익스프레스웨이] 고속도로
7 **intersection** [인터쎅션] 교차로
8 **underground passage** [언더그라운드 패씨쥐] 지하도
9 **bus stop** [버스 스탑] 버스정류장
10 **signpost** [싸인포스트] 방향표지판
11 **pedestrian overpass** [페데스트뤼언 오버패스] 육교
12 **payphone** [페이폰] 공중전화

Chapter

05 관광

Unit 01 서양권 대표 관광지

1 그랜드캐니언 Grand Canyon		2 디즈니랜드 Disneyland	
3 라스베이거스 Las Vegas		4 센트럴파크 Central Park	
5 자유의 여신상 Statue of Liberty		6 자연사 박물관 Natural History Museum	
7 타임스 스퀘어 Times Square		8 나이아가라 폭포 Niagara Falls	
9 금문교 Golden Gate Bridge		10 하와이 Hawaii	

1 **Grand Canyon** [그랜드 캐년] 그랜드캐니언
2 **Disneyland** [디즈니랜드] 디즈니랜드
3 **Las Vegas** [라스 베이거스] 라스베이거스
4 **Central Park** [센트럴 팍] 센트럴파크
5 **Statue of Liberty** [스테츄 어브 리버티] 자유의 여신상
6 **Natural History Museum** [내추럴 히스토뤼 뮤지엄] 자연사 박물관
7 **Times Square** [타임스퀘어] 타임스퀘어
8 **Niagara Falls** [나이아그라 폴즈] 나이아가라 폭포
9 **Golden Gate Bridge** [골든 게잇 브리지] 금문교
10 **Hawaii** [허와이] 하와이

1 옐로스톤 국립공원 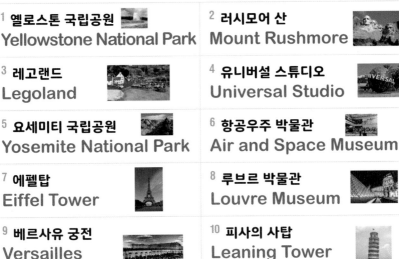 Yellowstone National Park	2 러시모어 산 Mount Rushmore
3 레고랜드 Legoland	4 유니버설 스튜디오 Universal Studio
5 요세미티 국립공원 Yosemite National Park	6 항공우주 박물관 Air and Space Museum
7 에펠탑 Eiffel Tower	8 루브르 박물관 Louvre Museum
9 베르사유 궁전 Versailles Palace	10 피사의 사탑 Leaning Tower of Pisa
11 콜로세움 Colosseum	12 트레비 분수 Trevi Fountain
13 시스티나 성당 Sistine Chapel	14 베네치아 광장 Piazza Venezia

1 **Yellowstone National Park** [옐로스톤 내셔널 팍] 옐로스톤 국립공원

2 **Mount Rushmore** [마운트 러쉬모어] 러시모어 산

3 **Legoland** [레고랜드] 레고랜드

4 **Universal Studio** [유니버설 스튜디오] 유니버설 스튜디오

5 **Yosemite National Park** [요세미티 내셔널 팍] 요세미티 국립공원

6 **Air and Space Museum** [에어 앤 스페이스 뮤지엄] 항공우주 박물관

7 **Eiffel Tower** [아이펠 타워] 에펠탑

8 **Louvre Museum** [루브르 뮤지엄] 루브르 박물관

9 **Versailles Palace** [베르싸이 팰러스] 베르사유 궁전

10 **Leaning Tower of Pisa** [리닝 타워 업 피사] 피사의 사탑

11 **Colosseum** [칼러씨움] 콜로세움

12 **Trevi Fountain** [트레비 파운튼] 트레비 분수

13 **Sistine Chapel** [씨스틴 채플] 시스티나 성당

14 **Piazza Venezia** [피아자 베네치아] 베네치아 광장

1 피렌체 대성당 **Florence Cathedral**	**2 성 베드로 광장** **St. Peter's Square**
3 알프스 산맥 **Alps**	**4 파르테논 신전** **Parthenon**
5 산토리니 **Santorini**	**6 빅 벤** **Big Ben**
7 버킹엄 궁전 **Buckingham Palace**	**8 대영박물관** **British Museum**
9 그리니치 천문대 **Royal Greenwich Observatory**	**10 웨스트민스터 사원** **Westminster Abbey**
11 스톤헨지 **Stonehenge**	**12 오페라하우스** **Opera house**

1 **Florence Cathedral** [플로런스 커띠드럴] 피렌체 대성당

2 **St. Peter's Square** [세인 피터 스퀘어] 성 베드로 광장

3 **Alps** [앨프스] 알프스 산맥

4 **Parthenon** [파써난] 파르테논 신전

5 **Santorini** [쌘토뤼니] 산토리니

6 **Big Ben** [빅 벤] 빅 벤

7 **Buckingham Palace** [버킹엄 팰리스] 버킹엄 궁전

8 **British Museum** [브리티쉬 뮤지엄] 대영박물관

9 **Royal Greenwich Observatory** [로열 그리니치 옵저버터뤼] 그리니치 천문대

10 **Westminster Abbey** [웨슷민스터 애비] 웨스트민스터 사원

11 **Stonehenge** [스톤헨쥐] 스톤헨지

12 **Opera house** [아프러 하우스] 오페라하우스

1 하버 브리지 Harbor Bridge		**2 타롱가 동물원** Taronga zoo	
3 통가리로 국립공원 Tongariro National Park		**4 와이토모 동굴** Waitomo Caves	
5 밀퍼드 사운드 Milford Sound			

♥ **관련대화**

A : 미국에서 제일 가볼 만한 곳은 어디인가요?

Where is the best place to visit in America?

웨어 이즈 더 베스트 플레이스 투 비짓 인 어메뤼카

B : 저는 라스베이거스라고 생각해요. 그곳은 굉장히 흥미로운 도시예요.

I think Las Vegas is best. It is very exciting city.

아이 씽크 라스 베이거스 이즈 베스트 잇 이즈 베뤼 익싸이링 씨리

1 **Harbor Bridge** [하버 브리쥐] **하버 브리지**

2 **Taronga zoo** [타롱가 주] **타롱가 동물원**

3 **Tongariro National Park** [통가뤼로 내셔널 팍] **통가리로 국립공원**

4 **Waitomo Caves** [와이토모 캐입스] **와이토모 동굴**

5 **Milford Sound** [밀퍼드 사운드] **밀퍼드 사운드**

1 연극 play		**2 가면극** masque	
3 아이스쇼 ice show		**4 서커스** circus	
5 발레 ballet		**6 팬터마임** pantomime	
7 1인극 monodrama		**8 난타** Nanta	
9 락 페스티벌 rock festival		**10 콘서트** concert	
11 뮤지컬 musical		**12 클래식** classical music	
13 오케스트라 orchestra		**14 마당놀이** Madangnori	

1 **play** [플레이] 연극
2 **masque** [매스크] 가면극
3 **ice show** [아이스 쇼] 아이스쇼
4 **circus** [써커스] 서커스
5 **ballet** [밸레이] 발레
6 **pantomime** [팬터마임] 팬터마임
7 **monodrama** [모노드라마] 1인극
8 **Nanta** [난타] 난타
9 **rock festival** [롹 페스티벌] 락 페스티벌
10 **concert** [칸써트] 콘서트
11 **musical** [뮤지컬] 뮤지컬
12 **classical music** [클래시컬 뮤직] 클래식
13 **orchestra** [오키스트러] 오케스트라
14 **Madangnori** [마당노리] 마당놀이

1 국악공연
Korean traditional musical performance

관련대화

A : 저는 뮤지컬을 좋아하는데 어디가 유명한가요?
I like a musical. Where is famous for musical performances?
아이 라이커 뮤지컬 웨어리즈 페이머스 포 뮤지컬 퍼포먼시스

B : 제 생각에는 브로드웨이가 세계에서 가장 유명해요.
I think Broadway is the most famous place in the world.
아이 씽크 브로드웨이 이즈 더 모스트 페이머스 플레이스 인 더 월드

A : 아 그래요. 감사합니다.
Oh, I see. Thank you.
오 아이 씨 땡큐

관련단어

관객, 청중	audience	어디언스

1 **Korean traditional musical performance**
[코뤼안 트뢔디셔널 뮤지컬 퍼포먼스] **국악공연**

아시아(Asia)

1 대한민국(한국)
Republic of Korea (South Korea)

2 중국
China

3 일본
Japan

4 대만
Taiwan

5 필리핀
Philippines

6 인도네시아
Indonesia

7 인도
India

8 파키스탄
Pakistan

9 우즈베키스탄
Uzbekistan

10 카자흐스탄
Kazakhstan

11 러시아
Russia

12 몽골
Mongolia

13 태국
Thailand

1 **Republic of Korea (South Korea)** [리퍼블릭 업 코뤼아 (싸우쓰 코뤼아)] 대한민국(한국)

2 **China** [촤이나] 중국

3 **Japan** [재팬] 일본

4 **Taiwan** [타이완] 대만

5 **Philippines** [필리핀즈] 필리핀

6 **Indonesia** [인도니자] 인도네시아

7 **India** [인디아] 인도

8 **Pakistan** [파키스탄] 파키스탄

9 **Uzbekistan** [유즈베키스탄] 우즈베키스탄

10 **Kazakhstan** [카작스탄] 카자흐스탄

11 **Russia** [뤄씨어] 러시아

12 **Mongolia** [만골리어] 몽골

13 **Thailand** [타일랜드] 태국

유럽(Europe)

1 스페인 Spain	**2 프랑스** France
3 포르투갈 Portugal	**4 아이슬란드** Iceland
5 스웨덴 Sweden	**6 노르웨이** Norway
7 핀란드 Finland	**8 아일랜드** Ireland
9 영국 United Kingdom	**10 독일** Germany
11 라트비아 Latvia	**12 벨라루스** Belarus
13 우크라이나 Ukraine	**14 루마니아** Romania

1 **Spain** [스페인] 스페인
2 **France** [프랜스] 프랑스
3 **Portugal** [포르츄걸] 포르투갈
4 **Iceland** [아이슬런드] 아이슬란드
5 **Sweden** [스위든] 스웨덴
6 **Norway** [노르웨이] 노르웨이
7 **Finland** [핀런드] 핀란드
8 **Ireland** [아이얼런드] 아일랜드
9 **United Kingdom** [유나이리드 킹덤] 영국
10 **Germany** [줘머니] 독일
11 **Latvia** [랏비어] 라트비아
12 **Belarus** [벨래루스] 벨라루스
13 **Ukraine** [유크뤠인] 우크라이나
14 **Romania** [로우메니아] 루마니아

1 이탈리아
Italy

2 그리스
Greece

북아메리카(North America)

3 미국
the United States of America

4 캐나다
Canada

5 그린란드
Greenland

남아메리카(South America)

6 멕시코
Mexico

7 쿠바
Cuba

8 과테말라
Guatemala

9 베네수엘라
Venezuela

10 에콰도르
Ecuador

11 페루
Peru

1 **Italy** [이틀리] **이탈리아**
2 **Greece** [그뤼스] **그리스**
3 **the United States of America** [더 유나이리드 스테잇첩 어메뤼카] **미국**
4 **Canada** [캐너더] **캐나다**
5 **Greenland** [그린런드] **그린란드**

6 **Mexico** [멕씨코우] **멕시코**
7 **Cuba** [큐버] **쿠바**
8 **Guatemala** [과터말러] **과테말라**
9 **Venezuela** [베네스웰러] **베네수엘라**
10 **Ecuador** [에콰도르] **에콰도르**
11 **Peru** [퍼루] **페루**

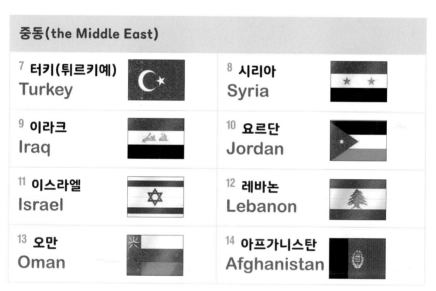

1 브라질 Brazil	2 볼리비아 Bolivia
3 파라과이 Paraguay	4 칠레 Chile
5 아르헨티나 Argentina	6 우루과이 Uruguay

중동(the Middle East)

7 터키(튀르키예) Turkey	8 시리아 Syria
9 이라크 Iraq	10 요르단 Jordan
11 이스라엘 Israel	12 레바논 Lebanon
13 오만 Oman	14 아프가니스탄 Afghanistan

1 **Brazil** [브라질] 브라질
2 **Bolivia** [벌리비어] 볼리비아
3 **Paraguay** [패러과이] 파라과이
4 **Chile** [칠리] 칠레
5 **Argentina** [알젠티나] 아르헨티나
6 **Uruguay** [유러궤이] 우루과이
7 **Turkey** [터키] 터키(튀르키예)

8 **Syria** [씨뤼어] 시리아
9 **Iraq** [아이락] 이라크
10 **Jordan** [조든] 요르단
11 **Israel** [이스뤼얼] 이스라엘
12 **Lebanon** [레버넌] 레바논
13 **Oman** [오만] 오만
14 **Afghanistan** [애프개니스탄] 아프가니스탄

1 **사우디아라비아** Saudi Arabia	

아프리카(Africa)

2 **모로코** Morocco		3 **알제리** Algeria	
4 **리비아** Libya		5 **수단** Sudan	
6 **나이지리아** Nigeria		7 **에티오피아** Ethiopia	
8 **케냐** Kenya			

오세아니아(Oceania)

9 **오스트레일리아** Australia		10 **뉴질랜드** New Zealand	

1 **Saudi Arabia** [싸디 어뤠비어] **사우디아라비아**

2 **Morocco** [모로코] **모로코**

3 **Algeria** [앨지뤼어] **알제리**

4 **Libya** [리비어] **리비아**

5 **Sudan** [수댄] **수단**

6 **Nigeria** [나이지리어] **나이지리아**

7 **Ethiopia** [이씨오피어] **에티오피아**

8 **Kenya** [케냐] **케냐**

9 **Australia** [어스트뤨리어] **오스트레일리아**

10 **New Zealand** [뉴 질런드] **뉴질랜드**

🎀 관련대화

A : 당신은 어느 나라에 가고 싶어요?
Which country do you want to go to?
휘취 컨트뤼 두 유 원투 고 투

B : 저는 프랑스에 가고 싶어요.
I want to go to France.
아이 원투 고 투 프랜스

A : 왜요?
Why?
와이

B : 왜냐하면 프랑스에는 아름다운 건물과 박물관이 많이 있기 때문입니다.
Because there are many beautiful buildings and museums in France.
비코우즈 데어 아 매니 뷰티풀 빌딩스 앤 뮤지엄스 인 프랜스

Chapter 05 관광

1 **Fiji** [피지] 피지

국가	nation	네이션
인구	population	파퓰레이션
수도	capital	캐피틀
도시	city	씨리
시민	citizen	씨리즌
분단국가	divided country	디바이디드 컨트뤼
통일	unification	유니피케이션
민주주의	democracy	디마크러씨
사회주의	socialism	쏘셜리즘
공산주의	communism	카뮤니즘
선진국	developed country	디벨럽트 컨트뤼
개발도상국	developing country	디벨럽핑 컨트뤼
후진국	underdeveloped country	언더디벨럽트 컨트뤼
전쟁	war	워
분쟁	dispute	디스퓨트
평화	peace	피스
고향	home	홈
이민	immigration	이미그뤠이션

태평양	Pacific Ocean	퍼시픽 오션
대서양	Atlantic Ocean	애틀랜틱 오션
인도양	Indian Ocean	인디언 오션
3대양	three Oceans	쓰리 오션스
7대주	seven Continents	쎄븐 컨티넌츠

1 로스앤젤레스 Los Angeles		2 뉴욕 New York	
3 워싱턴DC Washington DC		4 샌프란시스코 San Francisco	
5 파리 Paris		6 런던 London	
7 베를린 Berlin		8 로마 Rome	
9 서울 Seoul		10 북경 Beijing	
11 도쿄 Tokyo		12 상해 Shanghai	
13 시드니 Sydney			

1 **Los Angeles** [로샌젤러스] **로스앤젤레스**
2 **New York** [뉴 욕] **뉴욕**
3 **Washington DC** [와쉥턴 디씨] **워싱턴DC**
4 **San Francisco** [샌 프런씨스코] **샌프란시스코**
5 **Paris** [패뤼스] **파리**
6 **London** [런던] **런던**
7 **Berlin** [버뤌린] **베를린**
8 **Rome** [로움] **로마**
9 **Seoul** [쏘울] **서울**
10 **Beijing** [베이징] **북경**
11 **Tokyo** [토우쿄] **도쿄**
12 **Shanghai** [샹하이] **상해**
13 **Sydney** [시드니] **시드니**

A : 샌프란시스코에 가본 적 있어요?

Have you been to San Francisco?

해뷰 빈 투 샌 프런씨스코

B : 네, 가본 적이 있어요.

Yes, I've been there.

예스 아이브 빈 데어

아니요. 가본 적이 없어요.

No. I have never been there.

노 아이 햅 네버 빈 데어

A : 샌프란시스코는 어때요?

How about San Francisco?

하워바웃 샌 프런씨스코

B : 너무 좋아요.

So good.

쏘 굳

Part 3

비즈니스
단어

Chapter

01 경제

1 값이 비싼
expensive

2 값이 싼
inexpensive

3 경기불황
economic depression

4 경기호황
economic boom

5 수요
demand

6 공급
supply

7 고객
customer

8 낭비
waste

9 도산, 파산
bankruptcy

10 불경기
recession

11 물가상승
inflation

12 물가하락
deflation

1 **expensive** [익스펜시브] **값이 비싼**
2 **inexpensive** [이닉스펜시브] **값이 싼**
3 **economic depression** [이커나믹 디프뤠션] **경기불황**
4 **economic boom** [이커나믹 붐] **경기호황**
5 **demand** [디맨드] **수요**
6 **supply** [써플라이] **공급**
7 **customer** [커스터머] **고객**
8 **waste** [웨이스트] **낭비**
9 **bankruptcy** [뱅크럽씨] **도산, 파산**
10 **recession** [리쎄션] **불경기**
11 **inflation** [인플레이션] **물가상승**
12 **deflation** [디플레이션] **물가하락**

1 **돈을 벌다** earn money	2 **무역수지 적자** trade deficit
3 **무역수지 흑자** trade surplus	4 **상업광고** commercial

5 **간접광고(PPL)**
indirect advertisement / product placement

6 **제조/생산** manufacture/ production	7 **수입** import
8 **수출** export	9 **중계무역** transit trade
10 **수수료** commission	11 **이익** profit
12 **전자상거래** e-commerce	13 **투자하다** invest

1 **earn money** [언 머니] **돈을 벌다**

2 **trade deficit** [트레이드 데피씯] **무역수지 적자**

3 **trade surplus** [트레이드 써플러스] **무역수지 흑자**

4 **commercial** [커머셜] **상업광고**

5 **indirect advertisement/ product placement** [인디렉트 어드버타이즈먼트 / 프롸덕트 플레이스먼트] **간접광고(PPL)**

6 **manufacture/production** [매뉴팩춰 / 프러덕션] **제조/생산**

7 **import** [임폴] **수입**

8 **export** [엑스폴] **수출**

9 **transit trade** [트랜짓 트레이드] **중계무역**

10 **commission** [커미션] **수수료**

11 **profit** [프라핕] **이익**

12 **e-commerce** [이커머스] **전자상거래**

13 **invest** [인베스트] **투자하다**

A : 미국의 전자상거래는 지금 완전히 포화상태인 거 같아요.
E-commerce in the US is now completely saturated.
이커머스 인 더 유에스 이즈 나우 컴플리틀리 새춰뤠이티드

B : 그렇죠. 미국의 전자상거래는 지금 완전히 레드오션이에요.
Indeed. America's e-commerce is now completely red ocean.
인디드 어메뤼카스 이커머스 이즈 나우 컴플리틀리 뤠드 오션

독점권	exclusive right	익스클루씨브 롸읻
총판권	exclusive distribution rights	익스클루씨브 디스트리뷰션 롸잇츠
상표권	trademark (rights)	트레이드막 (롸잇츠)
상표권침해	trademark infringement	트레이드막 인프린쥐먼트
특허권	patent	패튼트
증명서	certificate	써티피케읕
해외법인	overseas corporation	오버씨스 코퍼뤠이션
자회사	subsidiary	섭씨디에뤼
사업자등록증	certificate of business registration	써티피케이더브 비즈니스 뤠쥐스트뤠이션
오프라인	off-line	오프라인
온라인	on-line	온라인
레드오션전략	red ocean strategy	뤠드 오션 스트뤠러쥐
블루오션전략	blue ocean strategy	블루 오션 스트뤠러쥐

퍼플오션전략	purple ocean strategy	퍼플 오션 스트뤄러쥐
가격 인상	price increase	프롸이스 인크뤼즈
포화상태	saturation	쎄춰뤠이션
계약	contract	컨트뢕트
합작	collaboration	컬래버뤠이션
할인	discount	디스카운트
성공	success	썩쎄스
실패	failure	페일리어
벼락부자 (갑자기 부자가 된 사람을 뜻하는 신조어)	upstart	업스탙

Chapter
02 회사

Unit 01 직급, 지위

1 회장 chairman	**2 사장** president
3 부사장 vice-president	**4 부장** general manager
5 차장 deputy general manager	**6 과장** manager
7 대리 assistant manager	**8 주임** assistant manager
9 사원 staff	**10 상사** boss **11 동료** colleague

1 **chairman** [췌어맨] 회장
2 **president** [프뤠지던트] 사장
3 **vice-president** [바이스프뤠지던트] 부사장
4 **general manager** [쥐너럴 매니저] 부장
5 **deputy general manager** [데퓨리 쥐너럴 매니저] 차장
6 **manager** [매니저] 과장
7 **assistant manager** [어씨스턴트 매니저] 대리
8 **assistant manager** [어씨스턴트 매니저] 주임
9 **staff** [스탶] 사원
10 **boss** [보스] 상사
11 **colleague** [칼리그] 동료

1 부하 subordinate		**2 신입사원** new employee	
3 계약직 contract worker		**4 정규직** regular worker	

🐾 관련대화

A : 제임스 씨 승진을 축하합니다.

Congratulations on your promotion, James.

컹그뤠츄레이션스 온 유어 프러모션 제임스

B : 모두 도와주신 덕분이에요.

Thanks to your support.

쌩쓰 투 유어 써포트

🐾 관련단어

임원	executive	이그젝큐티브
고문	advisor	어드바이써
전무	senior managing director	씨니어 매니징 디뤡터
상무	managing director	매니징 디뤡터
대표	representative	뤠프레젠터티브

1 **subordinate** [써보디널] 부하

2 **new employee** [뉴 임플로이] 신입사원

3 **contract worker** [컨트랙 워커] 계약직

4 **regular worker** [레귤러 워커] 정규직

1 구매부 purchasing department	**2 기획부** planning department
3 총무부 general affairs department	**4 연구개발부** research and development department
5 관리부 executive department	**6 회계부** accounting department

1. **purchasing department** [퍼춰씽 디팟먼트] **구매부**
2. **planning department** [플래닝 디팟먼트] **기획부**
3. **general affairs department** [줴너럴 어페어스 디팟먼트] **총무부**
4. **research and development department** [리써취 앤 디벨롭먼 디팟먼트] **연구개발부**
5. **executive department** [이그젝큐티브 디팟먼트] **관리부**
6. **accounting department** [어카운팅 디팟먼트] **회계부**

1 **영업부** sales department	2 **인사부** personnel department
3 **홍보부** public relations department	4 **경영전략부** management strategy department
5 **해외영업부** overseas sales department	

관련대화

A : 저는 어느 부서에 지원을 하는 게 좋을 거 같아요?
Which department do you think I should apply to?
휘취 디팟먼 두 유 씽크 아이 슈드 어플라이 투

B : 당신은 사교적이라 영업부에 지원하면 좋을 것 같아요.
You are sociable, so I think it would be nice to apply to the sales department.
유 아 쏘셔블 쏘 아이 씽킷 우드 비 나이스 투 어플라이 투 더 쎄일즈 디팟먼트

1 **sales department** [쎄일즈 디팟먼트] 영업부
2 **personnel department** [퍼스넬 디팟먼트] 인사부
3 **public relations department** [퍼블릭 륄레이션스 디팟먼트] 홍보부
4 **management strategy department** [매니지먼트 스트뤠러쥐 디팟먼트] 경영전략부
5 **overseas sales department** [오버씨스 쎄일즈 디팟먼트] 해외영업부

1 ① 컴퓨터 computer	
2 ② 키보드 keyboard	

3 ③ 모니터 monitor	**4 ④ 마우스** mouse	**5 ⑤ 태블릿** tablet

6 ① 노트북 notebook	**7 ② 책상** desk	**8 ③ 서랍** drawer

1 **computer** [컴퓨러] 컴퓨터
2 **keyboard** [키보드] 키보드
3 **monitor** [마니터] 모니터
4 **mouse** [마우스] 마우스
5 **tablet** [태블릿] 태블릿
6 **notebook** [놋북] 노트북
7 **desk** [데스크] 책상
8 **drawer** [드로어] 서랍

1 ④ **팩스** fax machine	2 ⑤ **복사기** copy machine	3 ⑥ **전화기** telephone
4 ⑦ **A4용지** A4 paper	5 ⑧ **스캐너** scanner	6 ⑨ **계산기** calculator
7 ⑩ **공유기** router	8 ⑪ **일정표** schedule	9 ⑫ **테이블** table
10 ⑬ **핸드폰** cellphone	11 ⑭ **스마트폰** smartphone	

🐾 관련대화

A : 컴퓨터가 아침부터 계속 안되네요.

The computer does not work from the morning.

더 컴퓨러 더즈 낫 웍 프럼 더 모닝

B : 재부팅해보는 게 어때요?

How about rebooting the system?

하우 어바웃 리부팅 더 시스템

1 **faxmachine** [팩스머쉰] **팩스**
2 **copy machine** [카피 머쉰] **복사기**
3 **telephone** [텔레폰] **전화기**
4 **A4 paper** [에이포 페이퍼] **A4용지**
5 **scanner** [스캐너] **스캐너**
6 **calculator** [캘큘레이러] **계산기**
7 **router** [롸우러] **공유기**
8 **schedule** [스케줄] **일정표**
9 **table** [테이블] **테이블**
10 **cellphone** [쎌폰] **핸드폰**
11 **smartphone** [스맛폰] **스마트폰**

재부팅	rebooting	리부팅
아이콘	icon	아이칸
커서	cursor	커서
클릭	click	클릭
더블클릭	double click	더블 클릭
홈페이지	home page	홈 페이지
메일주소	e-mail address	이메일 어드레스
첨부파일	attached file	어태취드 파일
받은편지함	inbox	인박스
보낼편지함	outbox	아웃박스
스팸메일	spam mail	스팸 메일
댓글	comment	카멘트
방화벽	fire wall	파이어 월

1 **고용하다** employ	2 **고용주** employer
3 **임금/급료** pay	4 **수수료** commission
5 **해고하다** fire	6 **인센티브** incentive
7 **승진** promotion	8 **출장** business trip
9 **회의** meeting	10 **휴가** vacation
11 **출근하다** go to work	12 **퇴근하다** leave the office
13 **조퇴하다** leave early	14 **지각하다** be late

Chapter 02 회사

1 **employ** [임플로이] **고용하다**
2 **employer** [임플로이어] **고용주**
3 **pay** [페이] **임금/급료**
4 **commission** [커미션] **수수료**
5 **fire** [파이어] **해고하다**
6 **incentive** [인쎈티브] **인센티브**
7 **promotion** [프러모션] **승진**

8 **business trip** [비즈니스 트맆] **출장**
9 **meeting** [미링] **회의**
10 **vacation** [베케이션] **휴가**
11 **go to work** [고 투 월] **출근하다**
12 **leave the office** [리브 디 어피스]
퇴근하다
13 **leave early** [리브 얼리] **조퇴하다**
14 **be late** [비 레잍] **지각하다**

1 잔업 overtime work		2 연봉 annual salary	
3 이력서 resume		4 가불 advance	
5 은퇴 retirement		6 회식 team dinner	

💗 **관련대화**

A : 오늘 회식이니 모두 참석해주시기 바랍니다.

We have a team dinner today, so please join us.

위 해버 팀 디너 투데이 쏘 플리즈 조이너스

B : 네, 알겠습니다.

Yes sir.

예 써

🐾 관련단어

연금	pension	펜션
보너스	bonus	보우너스
월급날	payday	페이데이
아르바이트	part-time job	팟타임 좝
급여 인상	pay raise	페이 뤠이즈

Chapter
03 증권, 보험

1 증권거래소 stock exchange	2 증권중개인 stockbroker
3 주주 stockholder	4 주식, 증권 stock
5 배당금 dividend	6 선물거래 futures trading
7 주가지수 stock index	8 장기채권 long term bond
9 보험계약자 policyholder	10 보험회사 insurance company

1 **stock exchange** [스탁 익스췌인 쥐] 증권거래소
2 **stockbroker** [스탁브로커] 증권중개인
3 **stockholder** [스탁호울더] 주주
4 **stock** [스탁] 주식, 증권
5 **dividend** [디비던드] 배당금
6 **futures trading** [퓨춰스 트뤠이딩] 선물거래
7 **stock index** [스탁 인덱스] 주가지수
8 **long term bond** [롱 텀 반드] 장기채권
9 **policyholder** [팔러씨호울더] 보험계약자
10 **insurance company** [인슈런스 컴퍼니] 보험회사

1 보험설계사 insurance broker	2 보험에 들다 insure
3 보험증서 insurance policy	4 보험약관 insurance clause
5 보험료 premium	6 보험금 청구 claim
7 피보험자 insured	

관련대화

A : 주식을 좀 사려고 하는데 무엇을 해야 할까요?

I'm going to buy some stocks. What do I do?

아임 고잉 투 바이 썸 스탁스 왓 두 아이 두

B : 글쎄요. 전 주식에 대해선 아는 게 없어요.

I don't know anything about stocks.

아이 돈 노우 애니씽 어바웃 스탁스

1 **insurance broker** [인슈런스 브로커] **보험설계사**

2 **insure** [인슈어] **보험에 들다**

3 **insurance policy** [인슈런스 팔러씨] **보험증서**

4 **insurance clause** [인슈런스 클로즈] **보험약관**

5 **premium** [프뤼미엄] **보험료**

6 **claim** [클레임] **보험금 청구**

7 **insured** [인슈어드] **피보험자**

일반양도증서	general warranty deed	줴너럴 워런티 디드
파생상품	derivative	디뤼버티브
보험해약	cancellation of an insurance contract	캔썰레이션 어번 인슈런스 컨트뢕트
보험금	benefit/insurance	베네핏/인슈런스
투자자	investor	인베스터
투자신탁	investment trust	인베슷먼 트뤄스트
자산유동화	asset securitization	어쎗 씨큐러리제이션
유상증자	rights issue	롸잇츠 이슈
무상증자	bonus issue	보너스 이슈
주식액면가	par value	파 밸류
기관투자가	institutional investor	인스티튜셔널 인베스터

English Vocabulary

Chapter 04 무역

1 물물교환 barter	2 구매자, 바이어 buyer
3 클레임 claim	4 덤핑 dumping
5 수출 export	6 수입 import
7 선적 shipment	8 무역 보복 trade retaliation
9 주문서 order sheet	10 신용장(LC) letter of credit

1 **barter** [바터] 물물교환
2 **buyer** [바이어] 구매자, 바이어
3 **claim** [클레임] 클레임
4 **dumping** [덤핑] 덤핑
5 **export** [엑스폳] 수출
6 **import** [임폳] 수입
7 **shipment** [쉽먼트] 선적
8 **trade retaliation** [트뤠이드 뤼탤리에이션] 무역 보복
9 **order sheet** [오더 쉽] 주문서
10 **letter of credit** [레러 업 크레딭] 신용장(LC)

1 관세 tariff		2 부가가치세 value added tax	
3 세관 customs		4 관세사 customs broker	
5 보세구역 bonded area			

관련대화

A : 한국에 수입되는 자동차의 관세는 평균 10퍼센트예요.
The average tariff on cars imported into Korea is 10 percent.
디 애버뤼쥐 태맆 온 카즈 임폴티드 인투 코리아 이즈 텐 펄센트

B : 수입자동차가 비싼 이유군요.
That's why the imported cars are expensive.
댓츠 와이 디 임폴티드 카즈 아 익스펜시브

1 **tariff** [태맆] 관세
2 **value added tax** [밸류 애디드 택스] 부가가치세
3 **customs** [커스텀즈] 세관
4 **customs broker** [커스텀스 브로커] 관세사
5 **bonded area** [반디드 에뤼어] 보세구역

박리다매	small profits and quick returns	스몰 프라핏 앤 퀵 뤼턴즈
컨테이너	container	컨테이너
무역회사	trading company	트뤠이딩 컴퍼니
응찰	bid	비드
포장명세서	packing list	패킹 리스트
송장	invoice	인보이스

Chapter

05 은행

1 신용장 letter of credit	**2 주택담보대출** housing mortgage loan
3 이자 interest	**4 대출** loan
5 입금하다 deposit	**6 출금하다** withdraw
7 통장 bankbook	**8 송금하다** remit
9 현금인출기 ATM (automated teller machine)	**10 수표** check

1 **letter of credit** [레러 업 크레딭] 신용장
2 **housing mortgage loan** [하우징 모기지 로운] 주택담보대출
3 **interest** [인터뤠스트] 이자
4 **loan** [로운] 대출
5 **deposit** [디파짙] 입금하다
6 **withdraw** [위드드뤄] 출금하다
7 **bankbook** [뱅크북] 통장
8 **remit** [뤼밑] 송금하다
9 **ATM (automated teller machine)** [오토메이티드 텔러 머쉰] 현금인출기
10 **check** [쳌] 수표

1 **온라인 송금** on-line remittance	2 **외화 송금** foreign currency remittance
3 **환전** exchange	4 **신용등급** credit rating

관련대화

A : 주택담보대출로 집을 사고 싶은데요.

I'd like to buy a house on a mortgage loan.

아이드 라익 투 바이 어 하우스 온 어 모기지 로운

B : 네, 신용등급이 높아서 가능하십니다. 잠시만 기다려보세요.

You have a good credit rating, so it's OK. Please wait a
moment.

유 해버 굿 크레딧 뤠이링 쏘 잇츠 오케이 플리즈 웨이러 모먼트

1 **on-line remittance** [온라인 뤼밋
튼스] **온라인 송금**

2 **foreign currency
remittance** [퍼런 커런씨 뤼밋튼스]
외화 송금

3 **exchange** [익스췌인쥐] **환전**

4 **credit rating** [크레딧 뤠이링] **신용등
급**

매매기준율	basic rate of exchange	베이직 뤠잇 업 익스췌인쥐
송금환율	remittance exchange rate	뤼밋튼스 익스췌인지 뤠잍
현찰매도율	cash selling rate	캐쉬 쎌링 뤠잍
현찰매입률	cash buying rate	캐쉬 바잉 뤠잍
신용카드	credit card	크레딧 카드
상환	repayment	뤼페이먼트
연체된	overdue	오버듀
고금리	high interest	하이 인터뤠스트
저금리	low interest	로우 인터뤠스트
담보	security	씨큐어리티
주택저당증권	mortgage-backed securities	모기지백드 씨큐리티스
계좌	account	어카운트
적금	installment savings	인스톨먼트 쎄이빙스

컴팩트 단어장

Chapter 01. 개인소개

Unit 01 성별, 노소   22쪽

여자	woman	워먼
남자	man	맨
노인	elderly person	앨들리 펄슨
중년	middle age	미들 에이쥐
소년	boy	보이
소녀	girl	걸
청소년	adolescent	애들레슨트
임산부	pregnant woman	프레그넌 워먼
어린이	child	촤일드
미취학 아동	preschooler	프리스쿨러
아기	baby	베이비

Unit 02 가족   23쪽

친가

친할아버지	paternal grandfather	퍼터널 그랜 파더
친할머니	paternal grandmother	퍼터널 그랜 마더
고모	aunt	앤트
고모부	uncle	엉클
큰아버지	uncle	엉클
큰어머니	aunt	앤트
작은아버지 (삼촌)	uncle	엉클
숙모	aunt	앤트
아버지(아빠)	father, dad	파더, 댇
어머니(엄마)	mother, mom	마더, 맘
사촌형/ 사촌오빠/ 사촌남동생	cousin	커즌
사촌누나/ 사촌언니/ 사촌여동생	cousin	커즌

외가   24쪽

외할아버지	maternal grandfather	머터널 그랜 파더
외할머니	maternal grandmother	머터널 그랜 마더
외삼촌	uncle	엉클
외숙모	aunt	앤트
이모	aunt	앤트
이모부	uncle	엉클
어머니(엄마)	mother, mom	마더, 맘
아버지(아빠)	father, dad	파더, 댇
사촌형/ 사촌오빠/ 사촌남동생	cousin	커즌
사촌누나/ 사촌언니/ 사촌여동생	cousin	커즌

가족   24쪽

아버지(아빠)	father, dad	파더, 댇
어머니(엄마)	mother, mom	마더, 맘
언니/누나	elder sister	엘더 시스터
형부/매형/ 매부	brother-in-law	브라더인러
오빠/형	elder brother	엘더 브라더
새언니/형수	sister-in-law	시스터인러
남동생	younger brother	영거 브라더
제수/올케	sister-in-law	시스터인러
여동생	younger sister	영거 시스터
제부/매제	brother-in-law	브라더인러
나(부인)	I(wife)	아이(와잎)
남편	husband	허즈번드
여자조카	niece	니스
남자조카	nephew	네퓨
아들	son	썬
며느리	daughter-in-law	도러인러
딸	daughter	도러

사위	son-in-law	썬인러
손자	grandson	그랜썬
손녀	granddaughter	그랜도러

관련단어 27쪽

외동딸	only daughter	온니 도러
외동아들	only son	온니 썬
결혼하다	marry	매뤼
이혼하다	divorce	디보스
신부	bride	브라이드
신랑	bridegroom	브라이드그룸
면사포	wedding veil	웨딩 베일
약혼	engagement	인게이쥐먼트
독신주의자	celibate	셀러뱉
과부	widow	위도우
기념일	anniversary	애니버써뤼
친척	relative	뤨러티브

Unit 03 삶(인생) 28쪽

태어나다	be born	비 본
백일	one hundredth day	원 헌드레쓰 데이
돌잔치	first-birthday party	펄스트 벌쓰 데이 파리
유년시절	childhood	촤일드후드
학창시절	one's school days	원스 스쿨 데이스
첫눈에 반하다	love at first sight	러브 앳 펄스트 싸잍
삼각관계	eternal triangle	이터널 트라이앵글
이상형	ideal type	아이디얼 타잎
사귀다	go out	고 아웃
연인	sweetheart	스윗할트
여자친구	girlfriend	걸프렌드
남자친구	boyfriend	보이프렌드

이별	breakup	브레이컵
재회	reunite	뤼유나이트
청혼	propose	프러포우즈
약혼하다	get engaged	겟 인게이쥐드
결혼하다	marry	매뤼
신혼여행	honeymoon	허니문
임신	pregnancy	프레그넌씨
출산	birth	벌쓰
득남하다	have a baby boy	해버 베이비 보이
득녀하다	have a baby girl	해버 베이비 걸
육아	parenting	페어런팅
학부모	parents	페어런츠
유언	will	윌
사망	death	데쓰
장례식	funeral	퓨너럴
천국에 가다	go to Heaven	고 투 헤븐

관련단어 30쪽

어린 시절	childhood	촤일드후드
미망인	widow	위도우
홀아비	widower	위도워
젊은	young	영
늙은	old	올드

Unit 04 직업 31쪽

간호사	nurse	널스
약사	pharmacist	파머씨스트
의사	doctor	닥터
가이드	guide	가이드
선생님/교사	teacher	티쳐
교수	professor	프로페써
가수	singer	씽어
음악가	musician	뮤지션
화가	painter	페인터

소방관	fire fighter	파이어 파이터
경찰관	police officer	폴리스 오피서
공무원	civil servant	씨빌 써번트
요리사	cook	쿡
디자이너	designer	디자이너
승무원	flight attendant	플라잇 어텐던트
판사	judge	져지
검사	prosecutor	프로씨큐터
변호사	lawyer	로여
사업가	businessman	비즈니스맨
회사원	company employee	컴퍼니 임플로이
학생	student	스튜든트
운전기사	driver	드라이버
농부	farmer	파머
가정주부	housewife	하우스와잎
작가	writer	롸이러
정치가	politician	폴리티션
세일즈맨	salesman	쎄일즈맨
미용사	hairdresser	헤어드레서
군인	soldier	솔져
은행원	bank clerk	뱅클럭
엔지니어	engineer	엔지니어
통역원	interpreter	인터프리러
비서	secretary	쎄크리터뤼
회계사	accountant	어카운턴트
이발사	barber	바버
배관공	plumber	플러머
수의사	veterinarian	베터내리언
건축가	architect	아키텍트
편집자	editor	에디더
성직자	cleric	클레릭
심리상담사	psychology counselor	사이컬러지 카운슬러

형사	police detective	폴리스 디텍티브
방송국 PD	producer	프로듀써
카메라맨	cameraman	캐머러맨
예술가	artist	아리스트
영화감독	film director	핌 디렉터
영화배우	film actor	핌 액터
운동선수	athlete	애쓸맅
목수	carpenter	카펜터
프리랜서	freelancer	프리랜써

Unit 05 별자리   35쪽

양자리	Aries	에뤼스
황소자리	Taurus	토러스
쌍둥이자리	Gemini	져미나이
게자리	Cancer	캔써
사자자리	Leo	리오
처녀자리	Virgo	버고
천칭자리	Libra	리브러
전갈자리	Scorpio	스콜피오
사수자리	Sagittarius	사지테뤼어스
염소자리	Capricorn	캐프뤼콘
물병자리	Aquarius	어쿼뤼어스
물고기자리	Pisces	파이씨스

Unit 06 혈액형   36쪽

A형	type A	타입 에이
B형	type B	타입 비
O형	type O	타입 오
AB형	type AB	타입 에이비

관련단어   36쪽

피	blood	블러드
헌혈	blood donation	블러드 도네이션
혈소판	thrombocyte	쓰람버싸잍

| 혈관 | blood vessel | 블러드 베슬 |
| 적혈구 | red blood cell | 뤠드 블러드 셀 |

Unit 07 탄생석   37쪽

가넷	garnet	가닡
자수정	violet quartz	바이얼럿 쿼츠
아쿠아마린	aquamarine	아쿼마린
다이아몬드	diamond	다이어먼드
에메랄드	emerald	에머럴드
진주	pearl	펄
루비	ruby	루비
페리도트	peridot	페러닷트
사파이어	sapphire	싸파이어
오팔	opal	오우플
토파즈	topaz	토패즈
터키석	turquoise	터퀘이즈

Unit 08 성격   38쪽

명랑한	cheerful	취어풀
상냥한	tender	텐더
친절한	kind	카인드
당당한	confident	컨피던트
야무진	hard	하드
고상한	noble	노블
대범한	free-hearted	프리허디드
눈치가 빠른	ready-witted	뤠디위디드
솔직한	straightforward	스트레잇포워드
적극적인	active	액티브
사교적인	sociable	쏘셔블
꼼꼼한	meticulous	머티큘러스
덜렁거리는	clumsy	클럼지
겁이 많은	cowardly	코워들리
보수적인	conservative	컨서버티브
개방적인	open	오픈

뻔뻔한	brazen	브레이즌
심술궂은	bad-tempered	배드템퍼드
긍정적인	positive	파저티브
부정적인	negative	네거티브
다혈질인	hot-tempered	핫템퍼드
냉정한	cold	코울드
허풍 떠는	bragging	브래깅
소심한	timid	티미드
소극적인	passive	패시브
너그러운	generous	줴너러스
겸손한	modest	마디스트
진실된	truthful	트루쓰풀
동정심이 많은	sympathetic	씸퍼쎄릭
인정이 많은	kindhearted	카인허디드
버릇없는	ill-mannered	일매너드
잔인한	brutal	부르를
거만한	proud	프라우드
유치한	childish	촤일디쉬
내성적인	introverted	인트로버디드
외향적인	extroverted	엑스트로버디드

관련단어   41쪽

성향	tendency	텐던씨
기질	disposition	디스포지션
울화통	pent-up anger	펜텁 앵거
성격	character	캐릭터
인격	personality	퍼스낼리티
태도	attitude	애리튜드
관계	relationship	릴레이션쉽
말투	one's way of talking	원스 웨이 업 토킹
표준어	standard language	스탠다드 랭귀지
사투리	dialect	다이얼렉트

고막	eardrum	이어드럼
달팽이관	cochlea	카클리어
뇌	brain	브레인
폐	lung	렁
간	liver	리버
심장	heart	할트
다리뼈	leg bone	레그 본
근육	muscle	머쓸
위	stomach	스터먹
대장	large intestine	라진테스틴
식도	gullet	걸럿

관련단어   **47쪽**

건강한	healthy	헬씨
근시	near-sightedness	니어 싸이디드니스
난시	astigmatism	어스티그머티즘
대머리	bald head	볼드헤드
동맥	artery	아터뤼
정맥	vein	베인
맥박	pulse	펄스
체중	weight	웨잍
세포	cell	쎌
소화하다	digest	다이제스트
시력	eyesight	아이싸잍
주름살	wrinkles	링클스
지문	fingerprint	핑거프린트

Unit 02 병명   49쪽

천식	asthma	애즈머
고혈압	high blood pressure	하이 블러드 프뤠셔
소화불량	indigestion	인디제스션
당뇨병	diabetes	다이아비디스
생리통	menstrual pain	멘스트럴 페인

알레르기	allergy	앨러쥐
심장병	heart disease	할트 디지스
맹장염	appendicitis	어펜디사이디스
위염	gastritis	게스트라이디스
배탈	stomach disorder	스터먹디스오더
감기	cold	코울드
설사	diarrhea	다이어리어
장티푸스	typhoid	타이포이드
결핵	tuberculosis	투버큘러시스
고산병	mountain sickness	마운튼 씩니스
광견병	rabies	뤠이비스
뎅기열	dengue fever	뎅기 피버
저체온증	hypothermia	하이포써미아
폐렴	pneumonia	누모우니아
식중독	food poisoning	푸드 포이즈닝
기관지염	bronchitis	브랑카이디스
열사병	heatstroke	힛스트롴
치통	toothache	투쎄잌
간염	hepatitis	해퍼타이디스
고열	high fever	하이 피버
골절	fracture	프랙춰
기억상실증	amnesia	앰니지아
뇌졸중	apoplexy	애퍼플랙씨
독감	flu	플루
두통	headache	헤데잌
마약중독	drug addiction	드럭 애딕션
불면증	insomnia	인썸니아
비만	obesity	오비써티
거식증	anorexia	애너뤡시아
우두	cowpox	카우팍스
암	cancer	캔써

천연두	smallpox	스몰팍스
빈혈	anemia	어니미아

관련단어 52쪽

가래	phlegm	플램
침	spit	스핕
열	fever	피버
여드름	pimple	핌플
블랙헤드	blackhead	블랙헤드
알레르기 피부	allergic skin	앨러직 스킨
콧물이 나오다	have a runny nose	해버 뤄니 노우즈
눈물	tear	티어
눈곱	sleep	슬맆
치질	hemorrhoids	헤머로이즈
모공	pore	포어
각질	dead skin cell	데드 스킨 쎌
피지	sebum	씨범
코딱지	booger	부거

Unit 03 약명 53쪽

아스피린	aspirin	애스피린
소화제	digestive medicine	다이제스티브 메디슨
제산제	antacid	앤태씨드
반창고	adhesive bandage	앳히씨브 밴디쥐
수면제	sleeping pill	슬리핑 필
진통제	pain reliever / analgesic	페인 릴리버/ 애널쥐직
해열제	fever reducer / antipyretic	피버 뤼듀써/안티파이뤠틱
멀미약	motion sickness reliever	모션 씨크니스 릴리버

기침약	cough medicine	콥 메디슨
지혈제	styptic	스팁틱
소염제	anti inflammatory drug	앤티 인플래머토뤼 드럭
소독약	antiseptic	앤티셉틱
변비약	laxative	랙써티브
안약	eye lotion	아이 로션
붕대	bandage	밴디쥐
지사제	antidiarrheal	앤티다이어리얼
감기약	cold medicine	코울드 메디슨
비타민	vitamin	바이러민
영양제	nutrient	누트뤼언트
무좀약	athlete's foot ointment	애쓸릿스 풋 오인먼트

관련단어 55쪽

건강검진	medical check-up	메디컬 체컵
내과의사	physician	피지션
노화	aging	에이징
면역력	immunity	이뮤니디
백신(예방)접종	vaccination	백써네이션
병실	sickroom	씩룸
복용량	dosage	도씨지
부상	injury	인줘리
부작용	side effect	싸이드 이펙트
산부인과 의사	obstetrician	업스터트리션
낙태	abortion	어보션
소아과 의사	children's doctor	칠드런스 닥터
식욕	appetite	애피타잍
식이요법	diet	다이엍

수술	surgery	써저리
외과의사	surgeon	써전
치과의사	dentist	덴티스트
약국	pharmacy	파머씨
약사	pharmacist	파머씨스트
의료보험	medical insurance	메디컬 인슈런스
이식하다	transplant	트랜스플랜트
인공호흡	artificial breathing	아티피셜 브뤼딩
종합병원	general hospital	줴너럴 하스피럴
침술	acupuncture	애큐펑춰
중환자실	intensive care unit	인텐시브 케어 유닡
응급실	emergency room	이머젼시 룸
처방전	prescription	프뤼스크립션
토하다	throw up	쓰로우 업
어지러운	dizzy	디지
속이 메스꺼운	nauseous	너셔스

Unit 04 생리현상   57쪽

트림	burp	벞
재채기	sneeze	스니즈
한숨	sigh	싸이
딸꾹질	hiccup	히껍
하품	yawning	야닝
눈물	tear	티어
대변	feces	피씨즈
방귀	fart	파트
소변	urine	유런

Chapter 03 감정, 행동 표현

Unit 01 감정   58쪽

기분 좋은	delightful	딜라잇풀

흥분한	excited	익싸이디드
재미있는	funny	퍼니
행복한	happy	해피
즐거운	pleasant	플레전트
좋은	good	굳
기쁜	glad	글래드
힘이 나는	encouraged	인커리쥐드
자랑스러운	proud	프라우드
짜릿한	thrilled	쓰릴드
감격한	deeply moved	딥플리 뭅드
부끄러운	ashamed	어쉐임드
난처한	embarrassed	임배러스드
외로운	lonely	론니
관심 없는	uninterested	언인터뤠스티드
화난	angry	앵그뤼
무서운	scary	스케뤼
불안한	uneasy	어니지
피곤한	tired	타이어드
불쾌한	unpleasant	언플레전트
괴로운	distressed	디스트레스드
지루한	bored	보어드
슬픈	sad	새드
원통한	mortified	몰티파이드
비참한	miserable	미저러블
짜증 나는	annoyed	어노이드
초조한	fretful	프렛풀
무기력한	spiritless	스피릿리스
불편한	uncomfortable	언컴퍼터블
놀란	surprised	서프라이즈드
질투하는	jealous	젤러스
사랑하다	love	러브
싫어하다	hate	헤잍
행운을 빕니다	Lots of luck	랏쵸브 럭
고마워요	Thank you	쌩큐

Unit 02 칭찬　61쪽

멋져요	Great!	그레잍
훌륭해요	Excellent!	엑썰런트
굉장해요	Awesome!	어썸
대단해요	Wonderful!	원더풀
귀여워요	Cute!	큐트
예뻐요	Pretty!	프리디
아름다워요	Beautiful!	뷰리풀
최고예요	Best!	베스트
참 잘했어요	Good job!	굿 찹

Unit 03 행동　62쪽

세수하다	wash one's face	와쉬 원스 페이스
청소하다	clean	클린
자다	sleep	슬맆
일어나다	wake up	웨이컵
빨래하다	wash	와쉬
먹다	eat	잍
마시다	drink	드링크
요리하다	cook	쿡
설거지하다	do the dishes	두 더 디쉬스
양치질하다	brush one's teeth	브뤄쉬 원즈 티쓰
샤워하다	shower	샤워
옷을 입다	wear	웨어
옷을 벗다	take off	테이커프
쓰레기를 버리다	throw away garbage	쓰로 어웨이 가비쥐
창문을 열다	open a window	오픈 어 윈도우
창문을 닫다	close a window	클로즈 어 윈도우
불을 켜다	turn on the light	턴 온 더 라잍
불을 끄다	turn off the light	턴 오프 더 라잍

오다	come	컴
가다	go	고
앉다	sit	싵
서다	stand	스탠드
걷다	walk	워크
달리다	run	런
놀다	play	플레이
일하다	work	월크
웃다	laugh	랲
울다	cry	크롸이
나오다	come out	컴 아웃
들어가다	enter	엔터
묻다	ask	애스크
대답하다	answer	앤써
멈추다	stop	스탚
움직이다	move	무브
올라가다	go up	고 업
내려가다	go down	고 다운
박수 치다	clap	클랲
찾다	find	파인드
흔든다	shake	쉐잌
춤추다	dance	댄스
뛰어오르다	jump	점프
넘어지다	fall	폴
읽다	read	뤼드
싸우다	fight	파잍
말다툼하다	quarrel	쿼럴
인사	greeting	그뤼딩
대화	conversation	컨버쎄이션
쓰다	write	롸잍
던지다	throw	쓰로우
잡다	catch	캐취

관련단어　65쪽

격려하다	encourage	인커리쥐
존경하다	respect	뤼스펙트

지지하다	support	써폿
주장하다	insist	인씨스트
추천하다	recommend	뤠커멘드
경쟁하다	compete	컴핕
경고하다	warn	원
설득하다	persuade	퍼쉐이드
찬성하다	agree	어그뤼
반대하다	oppose	어포우스
재촉하다	push	푸쉬
관찰하다	observe	업져브
상상하다	imagine	이매쥔
기억하다	remember	뤼멤버
후회하다	regret	뤼그뤳
약속하다	promise	프라미스
신청하다	request	뤼퀘스트
비평하다	criticize	크리티싸이즈
속삭이다	whisper	위스퍼
허풍을 떨다	brag	브래그
의식하는	conscious	컨셔스
추상적인	abstract	앱스트랙트

Unit 04 인사   67쪽

안녕하세요	How are you?	하와 유
아침인사 (안녕하세요)	Good morning.	굿 모닝
점심인사 (안녕하세요)	Good afternoon.	굿 애프터눈
저녁인사 (안녕하세요)	Good evening.	굿 이브닝
처음 뵙겠습니다	How do you do?	하우 두 유 두
만나 뵙고 싶었습니다	I wanted to see you.	아이 워니드 투 씨 유
잘 지내셨어요	How have you been?	하우 해뷰 빈
만나서 반갑습니다	Nice to meet you.	나이스 투 미츄

오랜만이에요	It's been a long time.	잇츠 빈 어 롱 타임
안녕히 가세요	Good bye.	굿 바이
또 만나요	See you again.	씨 유 어겐
안녕히 주무세요	Good night.	굿 나잍

Unit 05 축하   69쪽

생일 축하합니다	Happy birthday.	해피 벌쓰데이
결혼 축하합니다	Congratulations on your marriage.	콩그뤠츄레이션스 온 유어 메뤼쥐
합격 축하합니다	Congratulations on passing.	콩그뤠츄레이션스 온 패씽
졸업 축하합니다	Congratulations on your graduation.	콩그뤠츄레이션스 온 유어 그래쥬에이션
명절 잘 보내세요	Have a good holiday.	해버 굿 할러데이
새해 복 많이 받으세요	Happy New Year.	해피 뉴 이어
즐거운 성탄절 되세요	Merry Christmas.	메뤼 크리스마스

Chapter 04 교육

Unit 01 학교   70쪽

유치원	kindergarten	킨더가든
초등학교	primary school	프라이메뤼 스쿨
중학교	middle school	미들 스쿨
고등학교	high school	하이 스쿨
대학교	university	유니버씨리
학사	bachelor	배첼러
석사	master	매스터
박사	doctor	닥터
대학원	graduate school	그레쥬에잇 스쿨

지우개	eraser	이뤠이써
볼펜	ball-point pen	볼포인트 펜
연필	pencil	펜쓸
노트북	notebook	놋북
책	book	북
칠판	blackboard	블랙보드
칠판지우개	blackboard eraser	블랙보드 이뤠이써
필통	pencil case	펜쓸 케이스
샤프	mechanical pencil	매커니컬 펜쓸
색연필	colored pencil	컬러드 펜쓸
압정	tack	택
만년필	fountain pen	파운튼 펜
클립	clip	클맆
연필깎이	pencil sharpener	펜쓸 샤프너
크레파스	pastel crayon	파스텔 크뤠용
화이트	correction fluid	커뤡션 플루이드
가위	scissors	씨저스
풀	glue	글루
물감	paint	페인트
잉크	ink	잉크
자	ruler	룰러
스테이플러	stapler	스테플러
스케치북	sketchbook	스케치북
샤프심	lead	레드
칼	utility knife	유틸리디 나잎
파일	file	파일
매직펜	marker pen	마커 펜
사인펜	felt-tip pen	펠팁 펜
형광펜	highlighter	하이라이러
테이프	tape	테잎
콤파스	compass	컴퍼스

Unit 05 부호   82쪽

더하기	plus	플러스
빼기	minus	마이너스
나누기	divide	디바이드
곱하기	times	타임즈
크다/작다	greater/less	그레이러/레스
같다	equal	이퀄
마침표	period	피뤼어드
느낌표	exclamation mark	익스클러메이션 막
물음표	question mark	퀘스천 막
하이픈	hyphen	하이픈
콜론	colon	콜런
세미콜론	semicolon	쎄미콜런
따옴표	quotation marks	쿼테이션 막스
생략기호	ellipsis	일립시즈
at/골뱅이	at	앳
루트	square root	스퀘어 룻
슬러쉬	forward slash	포워드 슬래쉬

Unit 06 도형   84쪽

정사각형	square	스퀘어
삼각형	triangle	트라이앵글
원	circle	써클
사다리꼴	trapezoid	트뤠퍼줘이드
원추형	cone	콘
다각형	polygon	팔리간
부채꼴	sector	쎅터
타원형	oval	오블
육각형	hexagon	핵써간
오각형	pentagon	펜터간
원기둥	cylinder	씰린더
평행사변형	parallelogram	패럴럴러그램

가을	fall	폴
겨울	winter	윈터

Unit 02 요일 91쪽

월요일	Monday	먼데이
화요일	Tuesday	튜즈데이
수요일	Wednesday	웬즈데이
목요일	Thursday	썰스데이
금요일	Friday	프라이데이
토요일	Saturday	쌔러데이
일요일	Sunday	썬데이

Unit 03 월 92쪽

1월	January	재뉴어뤼
2월	February	페브뤄뤼
3월	March	마취
4월	April	에이프럴
5월	May	메이
6월	June	준
7월	July	줄라이
8월	August	어거스트
9월	September	셉템버
10월	October	악토버
11월	November	노벰버
12월	December	디쎔버

Unit 04 일 93쪽

1일	first	펄스트
2일	second	쎄컨드
3일	third	써드
4일	fourth	폴쓰
5일	fifth	핍쓰
6일	sixth	씩쓰
7일	seventh	쎄븐쓰
8일	eighth	에잇쓰
9일	ninth	나인쓰

10일	tenth	텐쓰
11일	eleventh	일레븐쓰
12일	twelfth	트웰프쓰
13일	thirteenth	썰틴쓰
14일	fourteenth	폴틴쓰
15일	fifteenth	핍틴쓰
16일	sixteenth	씩스틴쓰
17일	seventeenth	쎄븐틴쓰
18일	eighteenth	에이틴쓰
19일	nineteenth	나인틴쓰
20일	twentieth	트웬티쓰
21일	twenty first	트웬티 펄스트
22일	twenty second	트웬티 쎄컨드
23일	twenty third	트웬티 써드
24일	twenty fourth	트웬티 폴쓰
25일	twenty fifth	트웬티 핍쓰
26일	twenty sixth	트웬티 씩쓰
27일	twenty seventh	트웬티 쎄븐쓰
28일	twenty eighth	트웬티 에잇쓰
29일	twenty ninth	트웬티 나인쓰
30일	thirtieth	썰티쓰
31일	thirty first	썰티 펄스트

관련단어 95쪽

달력	calendar	캘린더
다이어리	diary	다이어뤼
노동절	Labor Day	레이버 데이
크리스마스	Christmas	크리스머스
추수감사절	Thanksgiving Day	땡스기빙 데이
국경일	national holiday	내셔널 헐러데이

Unit 05 시간 96쪽

새벽	dawn	던
아침	morning	모닝
오전	morning	모닝
점심	lunch	런취
오후	afternoon	애프터눈
저녁	evening	이브닝
밤	night	나잍
시	hour	아우어
분	minute	미닡
초	second	쎄컨드
어제	yesterday	예스터데이
오늘	today	투데이
내일	tomorrow	투마로우
내일모레	day after tomorrow	데이 애프터 투마로우
하루	day	데이

관련단어 98쪽

지난주	last week	래스트 윅
이번 주	this week	디스 윅
다음 주	next week	넥스트 윅
일주일	a week	어 윅
한 달	a month	어 먼쓰
일 년	a year	어 이어

Chapter 06 자연과 우주
Unit 01 날씨 표현 100쪽

맑은	clear	클리어
따뜻한	warm	웜
화창한	sunny	써니
더운	hot	핫
흐린	cloudy	클라우디
안개 낀	foggy	퍼기
습한	humid	휴미드
시원한	cool	쿨

쌀쌀한	chilly	칠리
추운	cold	코울드
장마철	rainy season	뤠이니 씨즌
천둥	thunder	썬더
번개	lightning	라잇닝
태풍	typhoon	타이푼
비가 오다	rain	뤠인
비가 그치다	rain stops	뤠인 스탑스
무지개가 뜨다	rainbow rises	뤠인보우 롸이지즈
바람이 불다	wind blows	윈드 블로우즈
눈이 내리다	snow	스노우
얼음이 얼다	ice forms	아이스 폼즈
서리가 내리다	frost falls	프뤄스트 폴즈

Unit 02 날씨 관련 102쪽

해	sun	썬
구름	cloud	클라우드
비	rain	뤠인
바람	wind	윈드
눈	snow	스노우
고드름	icicle	아이씨클
별	star	스타
달	moon	문
우주	space	스페이스
우박	hail	헤일
홍수	flood	플러드
가뭄	drought	드라웉
지진	earthquake	얼쓰퀘익
자외선	ultraviolet rays	울트라바이얼렅 뤠이즈
열대야	tropical night	트로피컬 나잍
오존층	ozone layer	오우존 레이어

화산(화산폭발)	volcano(volcanic eruption)	벌케이노(벌케닉 이럽션)

관련단어 103쪽

토네이도	tornado	토네이도
고기압	high atmospheric pressure	하이 앳머스페릭 프뤠셔
한랭전선	cold front	콜드 프런트
온도	temperature	템퍼리춰
한류	cold current	콜드 커런트
난류	warm current	웜 커런트
저기압	low atmospheric pressure	로 앳머스페릭 프뤠셔
일기예보	weather forecast	웨더 퍼캐스트
계절	season	씨즌
화씨	Fahrenheit	페런하읻
섭씨	Celsius	쎌시어스
연무	smog	스모그
아지랑이	heat haze	힛 헤이즈
진눈깨비	sleet	슬맅
강우량	rainfall	뤠인폴
미풍	breeze	브리즈
돌풍	gust	거스트
폭풍	storm	스톰
대기	atmosphere	앳머스피어
공기	air	에어

Unit 03 우주 환경과 오염 105쪽

지구	Earth	얼쓰
수성	Mercury	머큐리
금성	Venus	비너스
화성	Mars	마쓰
목성	Jupiter	쥬피터
토성	Saturn	쌔턴
천왕성	Uranus	유러너스
명왕성	Pluto	플루토
태양계	solar system	쏠러 씨스템
외계인	alien	에이리언
행성	planet	플래닡
은하계	galactic system	걸랙틱 씨스템
북두칠성	Big Dipper	빅 디퍼
카시오페이아	Cassiopeia	캐시어피어
큰곰자리	Great Bear	그뤠잇 베어
작은곰자리	Little Bear	리를 베어
환경	environment	인바이런먼트
파괴	destruction	디스트뤽션
멸망	fall	폴
재활용	recycling	뤼싸이클링
쓰레기	waste	웨이스트
쓰레기장	dump	덤프
하수 오물	sewage	쑤이쥐
폐수	waste water	웨이슷 워터
오염	pollution	펄루션
생존	survival	써바이벌
자연	nature	네이춰
유기체	organism	오거니즘
생물	creature	크리춰
지구온난화	global warming	글로벌 워밍
보름달	full moon	풀 문
반달	half moon	핲 문
초승달	new moon	뉴 문
유성	meteor	미티어
위도	latitude	래리튜드
경도	longitude	란저튜드
적도	equator	이퀘이터
일식	solar eclipse	쏘울러 이클립스

Unit 04 동식물

108쪽

포유류	Mammal	
사슴	deer	디어
고양이	cat	캣
팬더(판다)	panda	팬다
사자	lion	라이언
호랑이	tiger	타이거
기린	giraffe	쥐래프
곰	bear	베어
다람쥐	squirrel	스꿔럴
낙타	camel	캐멀
염소	goat	고우트
표범	leopard	레퍼드
여우	fox	팍쓰
늑대	wolf	울프
고래	whale	웨일
코알라	koala	코알라
양	sheep	쉽
코끼리	elephant	엘리펀트
돼지	pig	피그
말	horse	홀스
원숭이	monkey	멍키
하마	hippo	히뽀
얼룩말	zebra	지브러
북극곰	polar bear	포울러 베어
바다표범	seal	씰
두더지	mole	모울
개	dog	도그
코뿔소	rhinoceros	라이나써러스
쥐	mouse	마우스
소	cow	카우
토끼	rabbit	래빗
레드판다	red panda	뤠드 팬다
캥거루	kangaroo	캥거루
박쥐	bat	뱉

곤충/거미류	Insecta/Arachnid	110쪽
모기	mosquito	머스끼토우
파리	fly	플라이
벌	bee	비
잠자리	dragonfly	드래건플라이
거미	spider	스파이더
매미	cicada	씨캐이더
바퀴벌레	cockroach	칵크로취
귀뚜라미	cricket	크리킽
풍뎅이	chafer	쉐이퍼
무당벌레	ladybird	레이디버드
반딧불이	firefly	파이어플라이
메뚜기	grasshopper	그래스하퍼
개미	ant	앤트
사마귀	mantis	맨티스
나비	butterfly	버러플라이
전갈	scorpion	스콜피언
소금쟁이	pond skater	판 스케이터

조류	Bird	111쪽
독수리	eagle	이글
부엉이	owl	아월
매	falcon	팰컨
까치	magpie	맥파이
까마귀	crow	크로우
참새	sparrow	스패로우
학	crane	크뤠인
오리	duck	덕
펭귄	penguin	펭귄
제비	swallow	스왈로우
닭	chicken	취킨
공작	peacock	피콕
앵무새	parrot	패럴
기러기	wild goose	와일구스
거위	goose	구스

비둘기	dove	도브
딱따구리	woodpecker	우드페커

파충류/양서류	Reptile/Amphibian	**112쪽**
보아뱀	boa constrictor	보워 컨스트릭터
도마뱀	lizard	리저드
이구아나	iguana	이구아나
코브라	cobra	코우브러
두꺼비	toad	토우드
올챙이	tadpole	태드포울
도롱뇽	salamander	샐러맨더
개구리	frog	프롸그
악어	crocodile	크롸커다일
거북이	turtle	터를
뱀	snake	스네일
지렁이	earthworm	어쓰웜
카멜레온	chameleon	커밀리언

관련단어 **113쪽**

더듬이	feelers	필러스
번데기	pupa	퓨퍼
알	egg	에그
애벌레	larva	라버
뿔	horn	호른
발톱	claw	클러
꼬리	tail	테일
발굽	hoof	훕
동면하다	hibernate	하이버네잇
부리	beak	빅
깃털	feather	페더
날개	wing	윙
둥지	nest	네스트

어류/연체동물/갑각류	Fish/Mollusk/Crustacean	**114쪽**
연어	salmon	쌔먼
잉어	carp	캎
대구	cod	카드
붕어	crucian carp	크루션 캎
복어	globefish	글로우브피쉬
문어	octopus	악터퍼스
오징어	squid	스퀴드
게	crab	크랩
꼴뚜기	beka squid	비커 스퀴드
낙지	small octopus	스몰 악터퍼스
새우	shrimp	쉬림프
가재	crawfish	크롸피쉬
메기	catfish	캣피쉬
상어	shark	샤크
해파리	jellyfish	젤리피쉬
조개	shellfish	쉘피쉬
불가사리	starfish	스타피쉬
달팽이	snail	스네일

관련단어 **115쪽**

비늘	scale	스케일
아가미	gill	길
물갈퀴발	webbed foot	웹드 풋
지느러미	fin	핀

식물(꽃/풀/야생화/나무)	Plant(Flower/Grass/Wildflower/Tree)	**116쪽**
무궁화	rose of Sharon	로우즈 업 쉐론
코스모스	cosmos	카스머스
수선화	daffodil	대퍼딜
장미	rose	로우즈
데이지	daisy	데이지

아이리스	iris	아이뤼스
동백꽃	camellia	커밀리어
벚꽃	cherry blossom	체뤼 블러썸
나팔꽃	morning glory	모닝 글로뤼
라벤더	lavender	래번더
튤립	tulip	튤립
제비꽃	violet	바이얼렅
안개꽃	gypsophila	집싸필러
해바라기	sunflower	썬플라워
진달래	azalea	어젤리어
민들레	dandelion	댄디라이언
캐모마일	chamomile	캐머밀
클로버	clover	클로버
강아지풀	foxtail	팍스테일
고사리	bracken	브래컨
잡초	weeds	위즈
억새풀	silvergrass	실버그래스
소나무	pine	파인
메타세콰이아	metasequoia	메터시콰이어
감나무	persimmon tree	퍼씨먼 트뤼
사과나무	apple tree	애플 트뤼
석류나무	pomegranate tree	파머그래닛 트뤼
밤나무	chestnut tree	췌스트넛 트뤼
은행나무	ginkgo	깅코우
배나무	pear tree	페어 트뤼
양귀비꽃	poppy	파삐

관련단어		118쪽
뿌리	root	룻
잎	leaf	맆
꽃봉오리	bud	버드

꽃말	flower language	플라워 랭귀지
꽃가루	pollen	폴른
개화기	flowering season	플라워링 씨즌
낙엽	fallen leaf	폴른 맆
단풍	maple	메이플
거름	manure	머누어
줄기	stem	스템

Chapter 07 주거 관련

Unit 01 집의 종류   120쪽

아파트	apartment	아팟먼트
전원주택	country house	컨트뤼 하우스
일반주택	house	하우스
다세대주택	multiplex housing	멀티플렉스 하우징
오피스텔	efficiency apartment	이피션시 아팟먼트
오두막집	hut	헛
별장	villa	빌라
하숙집	boarding house	보딩 하우스

관련단어		121쪽
살다	live	리브
주소	address	애드뤠스
임차인	tenant	테넌트
임대인	lessor	레써
가정부	housekeeper	하우스키퍼
월세	monthly rent	먼쓸리 렌트

Unit 02 집의 부속물   122쪽

대문	gate	게잍
담	wall	월
정원	garden	가든

우편함	mailbox	메일박스
차고	garage	거라쥐
진입로	driveway	드라이붸이
굴뚝	chimney	침니
지붕	roof	룹
계단	stairs	스테얼스
벽	wall	월
테라스	terrace	테러스
창고	shed	쉐드
다락방	garret	개렅
옥상	rooftop	룹탚
현관	entrance	엔트런스
지하실	basement	베이스먼트
위층	upstairs	업스테얼스
아래층	downstairs	다운스테얼스
안마당 뜰	courtyard	콧야드
기둥	pillar	필러
울타리	fence	펜스
자물쇠	lock	락

Unit 03 거실용품　　　　124쪽

거실	living room	리빙 룸
창문	window	윈도우
책장	bookcase	북케이스
마루	floor	플로워
카펫	carpet	카핕
테이블	table	테이블
장식장	cabinet	캐비닡
에어컨	air conditioner	에어 컨디셔너
소파	sofa	소우파
커튼	curtain	커튼
달력	calendar	캘린더
액자	frame	프레임
시계	clock	클락
벽난로	fireplace	파이어플레이스

꽃병	vase	베이스
텔레비전	television	텔리비젼
컴퓨터	computer	컴퓨러
노트북	notebook	놋북
진공청소기	vacuum cleaner	배큠 클리너
스위치를 끄다	turn off the switch	터노프 더 스위취
스위치를 켜다	turn on the switch	터논 더 스위취

Unit 04 침실용품　　　　126쪽

침대	bed	베드
자명종/알람시계	alarm	얼람
매트리스	mattress	매트뤼스
침대시트	bed sheet	베드 슅
슬리퍼	slippers	슬리퍼스
이불	bedclothes	베드클로우쓰
베개	pillow	필로우
화장대	dressing table	드뤠싱 테이블
화장품	cosmetics	코스메릭스
옷장	closet	클로짙
잠옷	pajamas	퍼자머즈
쿠션	cushion	쿠션
쓰레기통	garbage can	가비쥐 캔
천장	ceiling	씰링
전등	electric light	일렉트릭 라잍
스위치	switch	스위취
공기청정기	air purifier	에어 퓨러파이어
일어나다	wake up	웨이컾
자다	sleep	슬맆

Unit 05 주방　　　　128쪽

냉장고	refrigerator	뤼프리져뤠이러

297 ●

전자레인지	microwave	마이크로웨이브
환풍기	ventilator	벤틸레이러
가스레인지	gas stove	개스 스토브
싱크대	sink	씽크
주방조리대	countertop	카운터탑
오븐	oven	오븐
수납장	cabinet	캐비닡
접시걸이 선반	shelf	쉘프
식기세척기	dish washer	디쉬 워셔
에어컨	air conditioner	에어 컨디셔너

Unit 06 주방용품   130쪽

도마	cutting board	커링 보드
프라이팬	frying pan	프라잉 팬
믹서기	blender	블렌더
주전자	kettle	케를
앞치마	apron	에이프런
커피포트	coffeepot	커피팥
칼	knife	나잎
뒤집개	spatula	스페츌러
주걱	rice scoop	라이스 스쿱
전기밥솥	electric rice cooker	일렉트릭 라이스 쿠커
머그컵	mug	머그
토스터기	toaster	토스터
국자	ladle	레이들
냄비	pot	팥
수세미	scourer	스카워러
주방세제	dishwashing liquid	디쉬워싱 리퀴드
알루미늄 호일	aluminium foil	알루미넘 포일
병따개	opener	오프너
젓가락	chopsticks	챱스틱스
포크	fork	포크

숟가락	spoon	스푼
접시	plate	플레이트
소금	salt	쏠트
후추	pepper	페퍼
조미료	seasoning	씨즈닝
음식을 먹다	eat food	잇 푸드

Unit 07 욕실용품   133쪽

거울	mirror	미러
드라이기	dryer	드라이어
세면대	sink	씽크
면도기	razor / (전기) shaver	레이저/쉐이버
면봉	cotton swab	코튼 스왑
목욕바구니	bath basket	배쓰 배스킽
바디로션	body lotion	바디 로션
배수구	drain	드뤠인
변기	toilet	토일렅
비누	soap	쏘웊
욕실커튼	bathroom curtain	배쓰룸 커튼
빗	comb	코움
샤워가운	bathrobe	배쓰로웁
샤워기	shower	샤워
샴푸	shampoo	샘푸
린스	hair conditioner	헤어 컨디셔너
수건걸이	towel rack	타월 랙
수건	towel	타월
수도꼭지	faucet	퍼씯
욕실매트	bath mat	배쓰 맽
욕조	bathtub	배쓰텁
체중계	scales	스케일스
치약	toothpaste	투쓰페이스트
칫솔	toothbrush	투쓰브뤄쉬
화장지	toilet paper	토일렅 페이퍼

치실	floss	플로스

관련단어 · 135쪽

이를 닦다	brush one's teeth	브뤄쉬 원스 티쓰
헹구다	wash out	와쉬 아웃
씻어내다	rinse	린스
말리다	dry	드라이
면도를 하다	shave	쉐입
머리를 빗다	brush one's hair	브뤄쉬 원스 헤어
샤워를 하다	take a shower	테익커 샤워
변기에 물을 내리다	flush the toilet	플러쉬 더 토일렡
머리를 감다	wash one's hair	와쉬 원스 헤어
목욕(욕조에 몸을 담그고 하는)	bath	배쓰

Chapter 08 음식

Unit 01 과일 · 136쪽

연무	wax apple	왁스 애플
용안	longan	롱건
리치	litchi	리취
망고	mango	맹고우
비파	loquat	로우쾉
구아바	guava	과버
산사	haw	허
유자	citron	씨트런
람부탄	rambutan	람부탄
사과	apple	애플
배	pear	페어
귤	clementine	클레멘타인
망고스틴	mangosteen	맹거스틴
수박	watermelon	워러멜런
복숭아	peach	피취
멜론	melon	멜런

오렌지	orange	어린쥐
레몬	lemon	레먼
바나나	banana	버내너
자두	plum	플럼
두리안	durian	두리언
살구	apricot	애프리캍
감	persimmon	퍼씨먼
참외	oriental melon	어리엔틀 멜런
파인애플	pineapple	파인애플
키위	kiwi	키위
코코넛	coconut	코커넡
사탕수수	sugarcane	슈거캐인
포도	grape	그뤠잎
밤	chestnut	췌스트넡
대추	jujube	주주비
딸기	strawberry	스트로베뤼
건포도	raisin	뤠이즌
체리	cherry	췌뤼
블루베리	blueberry	블루베뤼
라임	lime	라임
무화과	fig	피그
석류	pomegranate	파머그래닡

Unit 02 채소, 뿌리식물 · 139쪽

고수나물	coriander	커뤼앤더
셀러리	celery	쎌러뤼
양상추	(iceberg) lettuce	(아이스벅) 레티스
애호박	zucchini	주키니
당근	carrot	캐렅
피망	bell pepper	벨 페퍼
버섯	mushroom	머쉬룸
감자	potato	포테이도
고추	chili pepper	칠리 페퍼
토마토	tomato	토메이도

무	radish	래디쉬
배추	napa cabbage	나파 캐비쥐
마늘	garlic	갈릭
우엉	burdock	버닥
상추	(leaf) lettuce	(맆) 레티스
시금치	spinach	스피니취
양배추	cabbage	캐비쥐
브로콜리	broccoli	브라컬리
양파	onion	어니언
호박	pumpkin	펌킨
고구마	sweet potato	스윗 포테이도
오이	cucumber	큐컴버
파	green onion	그린 어니언
콩나물	bean sprouts	빈 스프라우츠
생강	ginger	진줘
미나리	water dropwort	워러 드랍윁
옥수수	corn	콘
가지	eggplant	에그플랜트
송이버섯	pine mushroom	파인 머쉬룸
죽순	bamboo shoot	뱀부 슡
파슬리	parsley	파실리
도라지	balloon flower	벌룬 플라워
깻잎	perilla leaf	페릴라 맆
고사리	bracken	브래컨
청양고추	Cheongyang chili pepper	청양 칠리 페퍼
팽이버섯	enoki mushroom	이노키 머쉬룸
올리브	olive	알리브
쑥갓	crown daisy	크라운 데이지
인삼	ginseng	진셍
홍삼	red ginseng	뤠드 진셍

Unit 03 수산물, 해조류 142쪽

오징어	squid	스퀴드
송어	trout	트라웉
우럭	rockfish	락피쉬
가물치	snakehead fish	스네익헤드 피쉬
고등어	mackerel	매크럴
참조기	yellow corbina	옐로우 코비너
메기	catfish	캣피쉬
복어	globefish	글로우브피쉬
새우	shrimp	쉬림프
대구	cod	카드
연어	salmon	쌔먼
전복	abalone	애벌로니
가리비 조개	scallop	스캘럽
갈치	hairtail	헤어테일
게	crab	크랩
잉어	carp	캎
붕어	carp	캎
문어	octopus	악터퍼스
가재	crawfish	클뤄피쉬
민어	croaker	크로우커
멍게	sea squirt	씨 스퀕
성게	sea urchin	씨 어친
방어	yellow tail	옐로우 테일
해삼	sea cucumber	씨 큐컴버
명태	walleye pollack	윌아이 팔럭
삼치	Spanish mackerel	스패니쉬 매크럴
미더덕	warty sea squirt	워리 씨 스퀕
굴	oyster	오이스터
광어	halibut	핼르벝
고래	whale	웨일

북어	dried pollack	드라이드 팔럭
미역	seaweed	씨위드
김	laver	라버

Unit 04 육류   145쪽

소고기	beef	비프
돼지고기	pork	포크
닭고기	chicken	취킨
칠면조	turkey	터키
베이컨	bacon	베이컨
햄	ham	햄
소시지	sausage	쏘시쥐
육포	beef jerky	비프 줘키
양고기	mutton	머튼

Unit 05 음료수   146쪽

콜라(코카콜라)	Coke	코우크
사이다(스프라이트)	Sprite	스프라잍
커피	coffee	커피
핫초코	hot chocolate	핫 춰컬맅
홍차	black tea	블랙 티
녹차	green tea	그린 티
밀크버블티	milkbubble tea	밀크버블 티
자스민차	jasmine tea	재스민 티
밀크티	milk tea	밀크 티
우유	milk	밀크
두유	soybean milk	쏘이빈 밀크
생수	mineral water	미너럴 워러
오렌지주스	orange juice	어린쥐 쥬스
레모네이드	lemonade	레머네이드
요구르트	yogurt	요걸

Unit 06 기타식품 및 요리재료   148쪽

치즈	cheese	취즈

요거트	yogurt	요걸
아이스크림	ice cream	아이스 크림
분유	powdered milk	파우더드 밀크
버터	butter	버러
참치	tuna	튜나
식용유	cooking oil	쿠킹 오일
간장	soy sauce	쏘이 쏘스
소금	salt	쏠트
설탕	sugar	슈거
식초	vinegar	비니거
참기름	sesame oil	쎄서미 오일
후추	pepper	페퍼
달걀	egg	에그

Unit 07 대표요리   150쪽
서양요리

햄버거	hamburger	햄버거
피자	pizza	핏짜
스테이크	steak	스테잌
칠면조 구이	roast turkey	로스트 터키
핫도그	hot dog	핫도그
마카로니 앤 치즈	macaroni and cheese	매커로니 앤 취즈
클램 차우더	clam chowder	클램 촤우더
포테이토칩	potato chips	포테이도 칩스
바비큐	barbecue	바비큐
파스타	pasta	파스타
바게뜨	baguette	배겥
크루아상	croissant	크르와쌍
타르트	tart	타르트
크레페	crape	크레잎
에스카르고	escargot	에스카고
푸아그라	foie gras	푸와 그라
샌드위치	sandwich	쌘드위취
파니니	panini	파니니

프라이드치킨	fried chicken	프라이드 취킨
리조또	risotto	뤼조토
피시 앤 칩스	fish and chips	피쉬 앤 칩스
치아바타	ciabatta	취바타
프리타타	frittata	프리타라
뇨끼	gnocchi	뇨키
와플	waffle	와플

한국식당요리   151쪽

라면	ramen	라멘
냉면	cold noodle	코울드 누들
삼계탕	samgyetang (ginseng chicken soup)	진셍 취킨 쑵
된장찌개	doenjang jjigae (soybean paste stew)	쏘이빈 페이스트 스튜
청국장찌개	cheonggukjang jjigae (rich soybean paste stew)	뤼취 쏘이빈 페이스트 스튜
순두부찌개	sundubu jjigae (soft tofu stew)	쏘프트 토푸 스튜
부대찌개	budae jjigae (sausage stew)	쏘시쥐 스튜
갈비탕	galbitang (short rib soup)	숏 립 쑵
감자탕	gamjatang (pork back-bone stew)	폭 백본 스튜
설렁탕	seolleongtang (ox bone soup)	악스 본 쑵
비빔밥	bibimbap	비빔밥
돌솥비빔밥	dolsot bibimbap (hot stone pot bibimbap)	핫 스톤 팟 비빔밥

떡볶이	tteokbokki (stir-fried rice cake)	스터프라이드 라이스 케익
순대	sundae (Korean sausage)	코리언 쏘시쥐
오뎅탕	odentang (fish cake soup)	피쉬 케익 쑵
찐빵	jjinppang (steamed bun)	스팀드 번
족발	jokbal (pigs' feet)	픽스 핕
팥빙수	patbingsu (shaved ice with sweetened red beans and other toppings)	쉐입드 아이스 윗 스위튼드 뤠드 빈스 앤 아더 토핑스
떡	rice cake	라이스 케익
해물파전	haemul pajeon (seafood and green onion pancake)	씨푸드 앤 그린 어니언 팬케익
김밥	gimbap	김밥
간장게장	ganjang gejang (soy sauce marinated crab)	쏘이 쏘스 매리네이티드 크랩
김치	kimchi	김치
삼겹살	samgyeopsal (grilled pork belly)	그릴드 폭 벨리

Unit 08 요리방식   154쪽

데치다	blanch	블랜취
굽다	(빵을) bake / (고기 등을) roast	베익 / 로스트
튀기다	fry	프라이

탕/찌개	soup/stew	쑵/스튜	럼	rum	럼
찌다	steam	스팀	위스키	whiskey	위스키
무치다	season	씨즌	보드카	vodka	보드카
볶다	stir-fry	스터프라이	데킬라	tequila	테킬러
훈제	smoke	스목	레드와인	red wine	뤠드 와인
끓이다	boil	보일	화이트와인	white wine	와잇 와인
삶다	boil	보일	브랜디	brandy	브랜디
섞다	blend	블렌드	마티니	Martini	마티니
휘젓다	stir	스터	칼바도스	Calvados	캘버도스
밀다	roll	롤	사케	sake	사키
얇게 썰다	slice thinly	슬라이스 씬니	코냑	cognac	코냑
손질하다	trim	트림	막걸리	makgeolli	막걸리
반죽하다	knead dough	니드 도우	동동주	dongdongju	동동주
			피스코	Pisco	피스코
			진	Gin	진
			과실주	fruit wine	프룻 와인
			복분자주	raspberry wine	뢔즈베리 와인
			매실주	plum wine	플럼 와인
			정종	refined rice wine	뤼파인드 라이스 와인
			칵테일	cocktail	칵테일

Unit 09 패스트푸드점   156쪽

롯데리아	Lotteria	로테뤼아
맥도날드	McDonald	맥도널드
파파이스	Popeyes	파파이스
서브웨이	Subway	썹웨이
피자헛	Pizza Hut	핏짜 헛
버거킹	Burger King	버거 킹
KFC	Kentucky Fried Chicken	켄터키 프라이드 취킨

관련단어   159쪽

과음	excessive drinking	익쎄씨브 드링킹
숙취해소제	hangover cure drink	행오버 큐어 드링크
알콜중독	alcoholism	앨커힐리즘
술친구	drinking buddy	드링킹 버디

Unit 10 주류   157쪽

맥주	beer	비어
고량주	kaoliang wine	까우리앵 와인
하이네켄	Heineken	하이네켄
버드와이저	Budweiser	버드와이절
기네스	Guinness	기니스
소주	soju	소주
호가든	Hoegaarden	호가든
밀러	Miller	밀러
샴페인	champagne	샴페인
양주	liquor	리커

Unit 11 맛 표현   160쪽

맛있는	delicious	딜리셔스
맛없는	bad	뱃
싱거운	bland	블랜드
뜨거운	hot	핫

단	sweet	스윝
짠	salty	쏠티
매운	spicy	스파이씨
얼큰한	spicy	스파이씨
신	sour	싸워
쓴	bitter	비러
떫은	astringent	어스트린젼트
느끼한	greasy	그리지
(곡식이나 견과류 등이) 고소한	nutty	너티
담백한	mild	마일드
쫄깃한	chewy	츄이
비린	fishy	피쉬
소화불량	indigestion	인디제스천

관련단어 161쪽

씹다	chew	츄
영양분을 공급하다	nourish	너리쉬
과식하다	eat too much	잇 투 머취
먹이다	feed	피드
삼키다	swallow	스왈로우
조금씩 마시다	sip	씹
조리법	recipe	뤠서피
날것의	raw	뤄
썩다	rot	뢑
칼슘	calcium	캘시엄
단백질	protein	프로틴
비타민	vitamin	바이러민
지방	fat	퍁
탄수화물	carbohydrate	카보하이드뤠잍
입맛에 맞다	suit one's taste	쑷 원스 테이스트
무기질	mineral	미너럴
에스트로겐	estrogen	에스트로진

아미노산	amino acid	아미노 애씨드
체지방	body fat	바디 퍁
피하지방	subcutaneous fat	섭큐태니어스 퍁
열량(칼로리)	calorie	캘로뤼
영양소	nutrient	누트뤼언트
포화지방	saturated fat	새춰뤠이티드 퍁
불포화지방	unsaturated fat	언새춰뤠이티드 퍁
포도당	glucose	글루코스
납	lead	레드

Chapter 09 쇼핑

Unit 01 쇼핑 물건 164쪽
의류

정장	suit	쑡
청바지	jeans	진스
티셔츠	T-shirt	티셔츠
원피스	dress	드뤠스
반바지	shorts	쇼츠
치마	skirt	스컽
조끼	vest	베스트
남방	shirt	셔츠
와이셔츠	dress shirt	드뤠스 셔츠
재킷	jacket	재킽
운동복	sportswear	스포츠웨어
오리털잠바	duck-down jacket	덕다운 재킽
스웨터	sweater	스웨러
우의	raincoat	뤠인코욷
내복	long johns	롱 존스
속옷	underwear	언더웨어
팬티	panties/ underpants	팬티즈/언더팬츠
교복	school uniform	스쿨 유니폼

레이스	lace	레이스
단추	button	버튼
바지	pants	팬츠
버클	buckle	버클
브래지어	bra	브라
블라우스	blouse	블라우스
셔츠	shirt	셔츠
소매	sleeve	슬리브
외투	overcoat	오버코웉
지퍼	zipper	지퍼
잠옷	pajamas	퍼자머즈
파티용 드레스	evening dress	이브닝 드뤠스
한복	Korean clothes	코뤼언 클로우쓰

신발, 양말 166쪽

신발	shoes	슈즈
운동화	sneakers	스니커스
구두	shoes	슈즈
부츠	boots	부츠
슬리퍼	slippers	슬리퍼스
조리	flip-flops	플립플랍스
(비 올 때 신는) 장화	rain boots	레인 부츠
양말	socks	싹스
스타킹	stockings	스타킹스
샌들	sandals	쌘들스

기타 액세서리 167쪽

모자	hat	햍
가방	bag	백
머리끈	hair tie	헤어 타이
귀걸이	earrings	이어링스
반지	ring	링
안경	glasses	글래씨스
선글라스	sunglasses	썬글래씨스

지갑	wallet	월렡
목도리	muffler	머플러
스카프	scarf	스캎
손목시계	wristwatch	뤼숏와취
팔찌	bracelet	브레이슬렅
넥타이	necktie	넥타이
벨트	belt	벨트
장갑	gloves	글러브스
양산	parasol	패러썰
목걸이	necklace	넥클러스
브로치	brooch	브로우취
손수건	handkerchief	행커칲
머리핀	hair pin	헤어 핀

기타용품 168쪽

비누	soap	쏘웊
가그린	gargle	가글
물티슈	wet wipe	웻 와잎
생리대	sanitary napkin	쌔니터뤼 냅킨
기저귀	diaper	다이어퍼
우산	umbrella	엄브뤨러
담배	cigarette	씨거뤨
라이터	lighter	라이러
건전지	battery	배러리
쇼핑백	shopping bag	샤핑 백
종이컵	paper cup	페이퍼 컵
컵라면	cup noodles	컵 누들스
모기약	mosquito repellent	머스끼토우 뤼펠런트
방취제	deodorizer	디오더라이저
면도크림	shaving cream	쉐이빙 크림
면도날	razor blade	뤠이저 블레이드
스킨	skin toner	스킨 토우너
로션	lotion	로션
썬크림	sunblock	썬블락

샴푸	shampoo	샴푸
린스	hair conditioner	헤어 컨디셔너
치약	toothpaste	투쓰페이스트
칫솔	toothbrush	투쓰브뤄쉬
손톱깎이	nail clippers	네일 클리퍼스
화장지	toilet paper	토일럿 페이퍼
립스틱	lipstick	립스틱
비비크림	BB cream	비비 크림
파운데이션	foundation	파운데이션
빗	comb	코움
사탕	candy	캔디
껌	gum	검
초콜릿	chocolate	춰컬릿
아이섀도	eye shadow	아이 쉐도우
매니큐어	nail polish	네일 폴리쉬
향수	perfume	퍼퓸
마스카라	mascara	매스캐러
파스	pain relief patch	페인 릴립 패취
카메라	camera	캐머러
붓	brush	브뤄쉬
책	book	북
거울	mirror	미러
핸드폰 케이스	cellphone case	쎌폰 케이스
옥	jade	제이드
금	gold	골드
은	silver	실버
청동	bronze	브론즈
에센스	essence	에쎈스
수분크림	moisturizer	모이스춰롸이저
영양크림	nutrient cream	누트뤼언트 크림

관련단어   **172쪽**

짝퉁제품	imitation	이미테이션
바코드	bar code	바 코드
계산원	cashier	캐쉬어
선물	gift	기프트
상표	brand	브랜드
현금	cash	캐쉬
지폐	bill	빌
동전	coin	코인
환불	refund	뤼펀드

Unit 02 색상   **173쪽**

빨간색	red	뤠드
주황색	orange	어륀쥐
노란색	yellow	옐로우
초록색	green	그린
파란색	blue	블루
남색	navy	네이비
보라색	purple	퍼플
상아색	ivory	아이버뤼
황토색	ocher	오우커
검은색	black	블랙
회색	gray	그뤠이
흰색	white	와잍
갈색	brown	브라운
분홍색	pink	핑크

관련단어   **174쪽**

의상	costume	카스튬
직물	fabric	패브릭
감촉	texture	텍스처
모피	fur	퍼
단정한	neat	닡
방수복	waterproof clothes	워러프룹 클로쓰
차려입다	dress up	드레썹

장식하다	ornament	오너먼트
사치	luxury	럭셔리
어울리는	fit	핏

Unit 03 구매 표현 175쪽

이것	this	디스
저것	that	댇
더 화려한	more colorful	모어 컬러풀
더 수수한	more modest	모어 마디스트
더 큰	larger	라쥐
더 작은	smaller	스몰러
더 무거운	heavier	헤비어
더 가벼운	lighter	라이러
더 긴	longer	롱거
더 짧은	shorter	쇼러
유행상품	trend goods	트렌드 굿즈
다른 종류	different types	디퍼런 타입스
다른 디자인	different design	디퍼런 디자인
다른 색깔	different color	디퍼런 컬러
더 싼	cheaper	취퍼
더 비싼	more expensive	모어 익스펜씨브
신상품	new product	뉴 프라덕트
세일 상품	sale goods	쎄일 굿즈
입다	put on	푸론
신다	put on	푸론
메다	shoulder	숄더
먹다	eat	잍
바르다	put on	푸론
들다	hold	홀드
만지다	touch	터취
쓰다	write	라잍
착용하다	put on	푸론
몇몇의	some	썸

관련단어 177쪽

쇼핑몰	shopping mall	샤핑 몰
상품	product	프라덕트
하자가 있는	defective	디펙티브
환불	refund	뤼펀드
구입하다	purchase	퍼춰스
영수증	receipt	리씰
보증서	guarantee	개런티
세일	sale	쎄일
계산대	counter	카운터
저렴한	cheap	췹
품절된	sold out	쏠드 아웃
재고정리	clearance	클리런스
신상품	new product	뉴 프라덕트
공짜의	free	프리

Chapter 10 도시

Unit 01 자연물 또는 인공물 178쪽

강	river	뤼버
과수원	orchard	오춰드
나무	tree	트뤼
논	rice paddy	라이스 페디
농작물	crop	크뢉
동굴	cave	케이브
들판	field	필드
바다	sea	씨
밭	field	필드
사막	desert	데졑
산	mountain	마운튼
섬	island	아일런드
삼림	forest	퍼리슽
습지	wetland	웻랜드
연못	pond	판드
저수지	reservoir	뤠저브와
초원	grassland	그래스랜드
폭포	waterfall	워러폴

해안	coast	코우슽
협곡	canyon	캐년
호수	lake	레읔
목장	farm	팜
바위	rock	롴

관련단어 180쪽

수확하다	reap	맆
씨를 뿌리다	sow	쏘우
온도	temperature	템퍼춰
지평선, 수평선	horizon	허롸이즌
화석	fossil	파쓸
습도	humidity	휴미디티
대지	Mother earth	마더 어쓰
모래	sand	쌘드
산등성이	ridge	릿지

Unit 02 도시 건축물 181쪽

우체국	post office	포스트 어피스
은행	bank	뱅크
경찰서	police station	폴리쓰테이션
병원	hospital	하스피럴
편의점	convenience store	컨비니언스 토어
호텔	hotel	호텔
서점	bookstore	북스토어
백화점	department store	디팟먼 스토어
노래방	singing room	씽잉 룸
커피숍	coffee shop	커피 샵
영화관	movie theater	무비 씨어러
문구점	stationery store	스테이셔너뤼 스토어
제과점	bakery	베이커뤼
놀이공원	amusement park	어뮤즈먼트 팍

주유소	gas station	개쓰테이션
성당	Catholic church	캐톨릭 춸취
교회	church	춸취
번화가	main street	메인 스트맅
미술관	art museum	아트 뮤지엄
학교	school	스쿨
이슬람사원	mosque	모스크
분수	fountain	파운튼
공원	park	팍
댐	dam	댐
정원	garden	가든
사우나	sauna	싸우너
식물원	botanical garden	버테니컬 가든
동물원	zoo	주
광장	square	스퀘어
다리	bridge	브리쥐
박물관	museum	뮤지엄
기념관	memorial hall	메모리얼 홀
약국	pharmacy	파머씨
소방서	fire station	파이어 스테이션
도서관	library	라이브러뤼
미용실	beauty shop	뷰리 샵
관광안내소	tourist information office	투어리스트 인포메이션 어피스
세탁소	laundry	런드뤼
PC방	PC bang	피씨 방
목욕탕	public bath	퍼블릭 배쓰
발마사지샵	foot massage shop	풋 머싸쥐 샵
마사지샵	massage shop	머싸쥐 샵

Chapter 11 스포츠, 여가
Unit 01 운동 184쪽

볼링	bowling	보울링
암벽등반	rock-climbing	락클라이밍
활강	downhill	다운힐
패러글라이딩	paragliding	패러글라이딩
번지점프	bungee jump	번지 점프
낚시	fishing	피슁
인공암벽	sports climbing	스포츠 클라이밍
바둑	go	고
카레이싱	car racing	카 레이씽
윈드서핑	windsurfing	윈드써핑
골프	golf	골프
테니스	tennis	테니스
스키	ski	스키
유도	judo	주도
체조	gymnastics	짐내스틱스
승마	horseback riding	홀스백 라이딩
축구	soccer	싸커
배구	volleyball	발리볼
야구	baseball	베이스볼
농구	basketball	배스킷볼
탁구	table tennis	테이블 테니스
검술	swordsmanship	스워즈맨쉽
수영	swimming	스위밍
경마	horse racing	홀스 레이씽
권투	boxing	박씽
태권도	taekwondo	태권도
검도	kendo	켄도
무에타이	Muay Thai	무에이 타이
격투기	martial arts	마샬 아츠
씨름	ssireum (Korean wrestling)	코리안 뤠슬링
당구	billiards	빌려즈
배드민턴	badminton	배드민튼
럭비	rugby	럭비
스쿼시	squash	스쿼쉬
아이스하키	ice hockey	아이스 하키
핸드볼	handball	핸드볼
등산	(취미) hiking / (전문적) climbing	하이킹/클라이밍
인라인스케이팅	inline skating	인라인 스케이링
조정	rowing	로잉
사이클	cycling	싸이클링
요가	yoga	요가
스카이다이빙	sky diving	스카이 다이빙
행글라이딩	hang gliding	행 글라이딩
피겨스케이팅	figure skating	피겨 스케이링
롤러스케이팅	roller skating	로울러 스케이링
양궁	archery	아춰뤼
스노클링	snorkeling	스노클링
스쿠버다이빙	scuba diving	스쿠버 다이빙
해머던지기	hammer throw	해머 쓰로우
멀리뛰기	long jump	롱 점프
창던지기	javelin	제블린
마라톤	marathon	매러썬
펜싱	fencing	펜씽
쿵푸	kung fu	쿵 푸
합기도	hapkido	합기도
공수도	karate	카라티
레슬링	wrestling	뤠슬링
스모	sumo	수모
줄넘기	jump rope	점프 롶
뜀틀	vault	벌트
에어로빅	aerobics	에로빅스

아령운동	dumbbell exercise	덤벨 엑써싸이즈
역도	weight lifting	웨잇 리프팅

관련단어 189쪽

야구공	baseball	베이스볼
야구방망이	bat	뱉
축구공	football	풋볼
축구화	soccer shoes	싸커 슈즈
글러브	glove	글럽
헬멧	helmet	헬밑
테니스공	tennis ball	테니스 볼
라켓	racket	롸킽
수영복	swimsuit	스윔숱
튜브	tube	튭
수영모	swim cap	스윔 캪
러닝머신	treadmill	트뤠드밀
코치	coach	코우취
유산소운동	aerobic exercise	에로빅 엑써싸이즈
무산소운동	anaerobic exercise	애너로빅 엑써싸이즈
근력운동	weight training	웨잇 트뤠이닝
호흡운동(숨쉬기운동)	breathing exercise	브리딩 엑써싸이즈
수경	swim goggles	스윔 가글스

Unit 02 오락, 취미 190쪽

영화 감상	watching movies	와칭 무비스
음악 감상	listening to music	리쓰닝 투 뮤직
여행	travel	트래블
독서	reading	뤼딩
춤추기	dancing	댄싱
노래 부르기	singing	씽잉

운동	exercise	엑써싸이즈
등산	hiking	하이킹
수중잠수	scuba diving	스쿠버 다이빙
악기 연주	playing a musical instrument	플레잉 어 뮤지컬 인스트러먼트
요리	cooking	쿠킹
사진 찍기	taking pictures	테이킹 픽춰스
정원 가꾸기	gardening	가드닝
우표 수집	stamp collecting	스탬프 컬렉팅
낚시	fishing	피슁
십자수	cross-stitch	크로쓰티취
TV 보기	watching TV	와칭 티비
드라이브	drive	드라이브
빈둥거리기	loafing at home	로핑 앳 홈
인터넷	surfing the Internet	서핑 디 이너넷
게임	game	게임
아이쇼핑 하기	window shopping	윈도우 샤핑
캠핑 가기	camping	캠핑
포커	poker game	포커 게임
장기	Korean chess	코뤼안 체스
도예	making pottery	메이킹 포러뤼
뜨개질	knitting	니딩
맛집 탐방	visiting good restaurants	비지팅 굿 뤠스토런츠
일하기	working	월킹

Unit 03 악기 193쪽

기타	guitar	기타
피아노	piano	피애노
색소폰	saxophone	쌕써폰

플루트	flute	플룯
하모니카	harmonica	하마니커
클라리넷	clarinet	클래러넽
트럼펫	trumpet	트럼핕
하프	harp	핲
첼로	cello	첼로
아코디언	accordion	어코디언
드럼	drum	드럼
실로폰	xylophone	좌일러폰
거문고	geomungo (Korean zither with six strings)	코리안 지더 윗 씩스 스트 링스
가야금	gayageum (Korean zither with twelve strings)	코리안 지더 윗 트웰브 스 트링스
대금	daegeum (large transverse bamboo flute)	라지 트랜스 벌스 뱀부 플룯
장구	janggu (double-headed Korean drum)	더블 헤디드 코리안 드럼
징	jing (large gong)	라지 공
해금	haegeum (Korean fiddle)	코리안 피들
단소	danso (small bamboo flute)	스몰 뱀부 플룯
리코더	recorder	뤼코더
오카리나	ocarina	아커뤼나
바이올린	violin	바이얼린
비올라	viola	비얼라

Unit 04 여가 195쪽

휴양하다	take a rest	테이커 뤠스트

관광하다	go sightseeing	고 싸잇씽
기분전환하다	refresh oneself	리프뤠쉬 원셀프
참관하다	visit	비짙
탐험하다	explore	익스플로어
건강관리	health care	헬쓰 케어

Unit 05 영화 196쪽

영화관	movie theater	무비 씨어러
매표소	ticket office	티킷 어피스
히트작	megaseller	메거쎌러
매점	snack bar	스낵 바
공포영화	horror film	허러 핆
코미디영화	comedy film	카머디 핆
액션영화	action film	액션 핆
어드벤처영화	adventure film	어드벤춰 핆
스릴러영화	thriller film	쓰릴러 핆
주연배우	leading actor	리딩 액터
조연배우	supporting actor	써포링 액터
남자주인공	hero	히로우
여자주인공	heroine	헤로우인
영화사	film company	핆 컴퍼니
감독	director	디뤡터

관련단어 197쪽

뮤지컬영화	musical film	뮤지컬 핆
다큐멘터리영화	documentary	다큐멘터뤼
로맨틱영화	romantic film	로맨틱 핆

Part 2 여행 단어

Chapter 01 공항에서

Unit 01 공항		200쪽
국내선	domestic flight	더메스틱 플라잍
국제선	international flight	인터내셔널 플라잍
탑승창구	check-in counter	쉐크인 카운터
항공사	airline	에어라인
탑승수속	check-in	쉐크인
항공권	airline ticket	에어라인 티킽
여권	passport	패스폳
탑승권	boarding pass	보딩 패스
금속탐지기	metal detector	메틀 디텍터
창가좌석	window seat	윈도우 앁
통로좌석	aisle seat	아일 앁
위탁수하물	checked baggage	쉘트 배기쥐
수하물 표	baggage claim tag	배기쥐 클레임 택
초과 수하물 운임	excess baggage charge	익쎄스 배기쥐 촤쥐
세관	customs	커스텀스
신고하다	declare	디클레어
출국신고서	departure card	디파춰 카드
면세점	duty-free shop	듀티프리 샵
입국심사	immigration inspection	이미그뤠이션 인스펙션
여행자 휴대품 신고서	customs declaration form	커스텀스 데클러뤠이션 폼
비자	visa	비자

관련단어		203쪽
목적지	destination	데스티네이션
도착	arrival	얼라이벌
방문 목적	purpose of visit	퍼폴즈 업 비짙
체류기간	duration of stay	듀레이션 업 스테이
입국 허가	admission	어드미션
검역소	quarantine station	쿼런틴 스테이션
수하물 찾는 곳	baggage claim	배기쥐 클레임
리무진 버스	limousine	리무진

Unit 02 기내 탑승		204쪽
창문	window	윈도우
승무원	flight attendant	플라잇 어텐던트
객석 위쪽의 짐칸	overhead bin	오버헤드 빈
에어컨	air conditioner	에어 컨디셔너
조명	lighting	라이팅
모니터	monitor	마니터
좌석(자리)	seat	앁
구명조끼	life jacket	라입 재킽
호출버튼	call button	콜 버튼
(기내로 가져온) 짐	carry-on baggage	캐뤼온 배기쥐
안전벨트	safety belt	세이프티 벨트
통로	aisle	아일
비상구	emergency exit	이머젼씨 엑앁
화장실	restroom	뤠스트룸
이어폰	earphones	이어폰즈

자전거	bike	바일
트럭	truck	트럭
크레인	crane	크뤠인
모노레일	monorail train	모노레일 트뤠인
소방차	fire engine	파이어 엔진
구급차	ambulance	앰뷸런스
이층버스	double-decker bus	더블데커 버스
견인차	tow truck	토우 트럭
고속버스	express bus	익스프레스 버스
레미콘	concrete mixer truck	콘크리트 믹써 트럭
순찰차	patrol car	패트롤 카
오토바이	motorcycle	모터싸이클
증기선	steamship	스팀쉽
지게차	forklift truck	포크리픗 트럭
열기구	hot-air balloon	핫에어 벌룬
스포츠카	sports car	스포츠 카
밴	van	밴

Unit 02 자동차 명칭 / 자전거 명칭 225쪽

엑셀 (가속페달)	gas pedal	개스 페들
브레이크	brake	브레일
백미러	rear-view mirror	뤼어뷰 미러
핸들	steering wheel	스티어링 윌
클랙슨	klaxon	클랙슨
번호판	license plate	라이슨스 플레잍
변속기	transmission	트랜스미션
트렁크	trunk	트렁크
클러치	clutch	클러취

안장	saddle	쌔들
앞바퀴	front wheel	프런트 윌
뒷바퀴	rear wheel	뤼어 윌
체인	chain	쵀인
페달	pedal	패들

관련단어 227쪽

안전벨트	safety belt	쎄이프티 벨트
에어백	airbag	에어백
배터리	battery	배러뤼
엔진	engine	엔쥔
LPG	liquefied petroleum gas	리쿼파이드 패트롤름 개스
윤활유	lubricant	루브리컨트
경유	diesel	디즐
휘발유	gasoline	개설린
세차	car wash	카 와쉬

Unit 03 교통 표지판 228쪽

양보	Yield	일드
일시정지	Stop	스탑
추월금지	Do Not Pass	두 낫 패스
제한속도	Speed Limit	스피드 리밑
일방통행	One-Way Traffic	원웨이 트래픽
주차금지	No Parking	노 파킹
우측통행	Keep Right	킵 롸잍
진입금지	Do Not Enter	두 낫 엔터
유턴금지	No U-Turn	노 유턴
낙석도로	Falling Rock	폴링 롹
어린이 보호 구역	School Zone	스쿨 존

Unit 04 방향 230쪽

| 좌회전 | left turn | 레픗 턴 |
| 우회전 | right turn | 롸잇 턴 |

315 •

직진	go straight	고 스트뤠잍	공중전화	payphone	페이폰
백(back)	back	백			
유턴	U-turn	유턴			
동서남북	four cardinal directions	포 카디널 디렉션스			

Chapter 05 관광

후진하다	back	백	그랜드캐니언	Grand Canyon	그랜드 캐년
고장 나다	break	브레잌	디즈니랜드	Disneyland	디즈니랜드
(타이어가) 펑크 나다	go flat	고 플랱	라스베이거스	Las Vegas	라스 베이거스
견인하다	tow	토우	센트럴파크	Central Park	센트럴 팕
갈아타다	transfer	트랜스퍼	자유의 여신상	Statue of Liberty	스테츄 어브 리버티
교통 체증	traffic jam	트래픽 잼	자연사 박물관	Natural History Museum	내추럴 히스토뤼 뮤지엄
주차위반 딱지	parking ticket	파킹 티킽			
지하철노선도	subway map	썹웨이 맵	타임스 스퀘어	Times Square	타임스퀘어
대합실	waiting room	웨이링 룸	나이아가라 폭포	Niagara Falls	나이아그라 폴즈
운전기사	driver	드라이버	금문교	Golden Gate Bridge	골든 게잇 브리지
운전면허증	driver's license	드라이버스 라이센스	하와이	Hawaii	허와이
중고차	used car	유즈드 카	옐로스톤 국립공원	Yellowstone National Park	옐로스톤 내셔널 팍
			러시모어 산	Mount Rushmore	마운트 러쉬모어

신호등	traffic light	트래픽 라잍	레고랜드	Legoland	레고랜드
횡단보도	crosswalk	크로스웕	유니버설 스튜디오	Universal Studio	유니버설 스튜디오
주유소	gas station	개스테이션			
인도	sidewalk	사이드웤	요세미티 국립공원	Yosemite National Park	요세미티 내셔널 팍
차도	roadway	로드웨이			
고속도로	expressway	익스프레스웨이	항공우주 박물관	Air and Space Museum	에어 앤 스페이스 뮤지엄
교차로	intersection	인터쎅션	에펠탑	Eiffel Tower	아이펠 타워
지하도	underground passage	언더그라운드 패씨쥐	루브르 박물관	Louvre Museum	루브르 뮤지엄
버스정류장	bus stop	버스 스탑	베르사유 궁전	Versailles Palace	베르싸이 팰러스
방향표지판	signpost	싸인포스트			
육교	pedestrian overpass	페데스트뤼언 오버패스	피사의 사탑	Leaning Tower of Pisa	리닝 타워 업 피사

콜로세움	Colosseum	칼러씨움
트레비 분수	Trevi Fountain	트레비 파운튼
시스티나 성당	Sistine Chapel	씨스틴 채플
베네치아 광장	Piazza Venezia	피아자 베네치아
피렌체 대성당	Florence Cathedral	플로런스 커띠드럴
성 베드로 광장	St. Peter's Square	세인 피터 스퀘어
알프스 산맥	Alps	앨프스
파르테논 신전	Parthenon	파써난
산토리니	Santorini	쌘토뤼니
빅 벤	Big Ben	빅 벤
버킹엄 궁전	Buckingham Palace	버킹엄 팰러스
대영박물관	British Museum	브리티쉬 뮤지엄
그리니치 천문대	Royal Greenwich Observatory	로열 그리니치 옵저버터뤼
웨스트민스터 사원	Westminster Abbey	웨슷민스터 애비
스톤헨지	Stonehenge	스톤헨쥐
오페라하우스	Opera house	아프러 하우스
하버 브리지	Harbor Bridge	하버 브리쥐
타롱가 동물원	Taronga zoo	타롱가 주
통가리로 국립공원	Tongariro National Park	통가뤼로 내셔널 팤
와이토모 동굴	Waitomo Caves	와이토모 캐입스
밀퍼드 사운드	Milford Sound	밀퍼드 사운드

Unit 02 볼거리(예술 및 공연)　238쪽

연극	play	플레이

가면극	masque	매스크
아이스쇼	ice show	아이스 쇼
서커스	circus	써커스
발레	ballet	밸레이
팬터마임	pantomime	팬터마임
1인극	monodrama	모노드라마
난타	Nanta	난타
락 페스티벌	rock festival	롹 페스티벌
콘서트	concert	칸써트
뮤지컬	musical	뮤지컬
클래식	classical music	클래시컬 뮤직
오케스트라	orchestra	오키스트러
마당놀이	Madangnori	마당노리
국악공연	Korean traditional musical performance	코리안 트래디셔널 뮤지컬 퍼포먼스

관련단어　239쪽

관객, 청중	audience	어디언스

Unit 03 나라 이름　240쪽

아시아	Asia	
대한민국 (한국)	Republic of Korea (South Korea)	리퍼블릭 업 코뤼아 (싸우쓰 코뤼아)
중국	China	촤이나
일본	Japan	재팬
대만	Taiwan	타이완
필리핀	Philippines	필리핀즈
인도네시아	Indonesia	인도니자
인도	India	인디아
파키스탄	Pakistan	파키스탄
우즈베키스탄	Uzbekistan	유즈베키스탄
카자흐스탄	Kazakhstan	카작스탄
러시아	Russia	뤄씨어

몽골	Mongolia	만골리어
태국	Thailand	타일랜드

유럽	Europe	**241쪽**
스페인	Spain	스페인
프랑스	France	프랜스
포르투갈	Portugal	포르츄걸
아이슬란드	Iceland	아이슬런드
스웨덴	Sweden	스위든
노르웨이	Norway	노르웨이
핀란드	Finland	핀런드
아일랜드	Ireland	아이얼런드
영국	United Kingdom	유나이리드 킹덤
독일	Germany	줘머니
라트비아	Latvia	랏비어
벨라루스	Belarus	벨래루스
우크라이나	Ukraine	유크뤠인
루마니아	Romania	로우메니아
이탈리아	Italy	이틀리
그리스	Greece	그뤼스

북아메리카	North America	**242쪽**
미국	the United States of America	더 유나이리드 스테잇첩 어메뤼카
캐나다	Canada	캐너더
그린란드	Greenland	그린런드

남아메리카	South America	**242쪽**
멕시코	Mexico	멕씨코우
쿠바	Cuba	큐버
과테말라	Guatemala	과터말러
베네수엘라	Venezuela	베네스웰러
에콰도르	Ecuador	에콰도르

페루	Peru	퍼루
브라질	Brazil	브라질
볼리비아	Bolivia	벌리비어
파라과이	Paraguay	패러과이
칠레	Chile	칠리
아르헨티나	Argentina	알젠티나
우루과이	Uruguay	유러궤이

중동	the Middle East	**243쪽**
터키 (튀르키예)	Turkey	터키
시리아	Syria	씨뤼어
이라크	Iraq	아이락
요르단	Jordan	조든
이스라엘	Israel	이스뤼얼
레바논	Lebanon	레버넌
오만	Oman	오만
아프가니스탄	Afghanistan	애프개니스탄
사우디아라비아	Saudi Arabia	싸디 어뤠비어

아프리카	Africa	**244쪽**
모로코	Morocco	모로코
알제리	Algeria	앨지뤼어
리비아	Libya	리비어
수단	Sudan	수댄
나이지리아	Nigeria	나이지리어
에티오피아	Ethiopia	이씨오피어
케냐	Kenya	케냐

오세아니아	Oceania	**244쪽**
오스트레일리아	Australia	어스트뤨리어
뉴질랜드	New Zealand	뉴 질런드
피지	Fiji	피지

Part 3 비즈니스 단어

간접광고 (PPL)	indirect advertisement/ product placement	인디렉트 어드버타이즈먼트 / 프라덕트 플레이스먼트
제조/생산	manufacture/ production	매뉴팩춰 / 프러덕션
수입	import	임폴
수출	export	엑스폴
중계무역	transit trade	트랜짓 트뤠이드
수수료	commission	커미션
이익	profit	프라핏
전자상거래	e-commerce	이커머스
투자하다	invest	인베스트

관련단어		254쪽
독점권	exclusive right	익스클루씨브 롸잇
총판권	exclusive distribution rights	익스클루씨브 디스트리뷰션 롸잇츠
상표권	trademark (rights)	트레이드막 (롸잇츠)
상표권침해	trademark infringement	트레이드막 인프린쥐먼트
특허권	patent	패튼트
증명서	certificate	써티피케잍
해외법인	overseas corporation	오버씨스 코퍼뤠이션
자회사	subsidiary	섭씨디에뤼
사업자등록증	certificate of business registration	써티피케이더브 비즈니스 뤠쥐스트뤠이션
오프라인	off-line	오프라인
온라인	on-line	온라인
레드오션 전략	red ocean strategy	뤠드 오션 스트뤠러쥐

블루오션 전략	blue ocean strategy	블루 오션 스트뤠러쥐
퍼플오션 전략	purple ocean strategy	퍼플 오션 스트뤠러쥐
가격 인상	price increase	프라이스 인크뤼즈
포화상태	saturation	쎄춰뤠이션
계약	contract	컨트랙트
합작	collaboration	컬래버뤠이션
할인	discount	디스카운트
성공	success	썩쎄스
실패	failure	페일리어
벼락부자	upstart	업스탑

Chapter 02 회사

Unit 01 직급, 지위		256쪽
회장	chairman	춰어맨
사장	president	프뤠지던트
부사장	vice-president	바이스프뤠지던트
부장	general manager	쥬너럴 매니저
차장	deputy general manager	데퓨리 쥬너럴 매니저
과장	manager	매니저
대리	assistant manager	어씨스턴트 매니저
주임	assistant manager	어씨스턴트 매니저
사원	staff	스탶
상사	boss	보스
동료	colleague	칼리그
부하	subordinate	써보디넡
신입사원	new employee	뉴 임플로이
계약직	contract worker	컨트랙 워커

정규직	regular worker	레귤러 워커

관련단어 257쪽

임원	executive	이그젝큐티브
고문	advisor	어드바이써
전무	senior managing director	씨니어 매니징 디렉터
상무	managing director	매니징 디렉터
대표	representative	뤠프레젠터티브

Unit 02 부서 258쪽

구매부	purchasing department	퍼춰씽 디팟먼트
기획부	planning department	플래닝 디팟먼트
총무부	general affairs department	줴너럴 어페어스 디팟먼트
연구개발부	research and development department	리써취 앤 디벨롭먼 디팟먼트
관리부	executive department	이그젝큐티브 디팟먼트
회계부	accounting department	어카운팅 디팟먼트
영업부	sales department	쎄일즈 디팟먼트
인사부	personnel department	퍼스넬 디팟먼트
홍보부	public relations department	퍼블릭 릴레이션스 디팟먼트
경영전략부	management strategy department	매니지먼트 스트뤄러쥐 디팟먼트
해외영업부	overseas sales department	오버씨스 쎄일즈 디팟먼트

Unit 03 근무시설 및 사무용품 260쪽

컴퓨터	computer	컴퓨러
키보드	keyboard	키보드
모니터	monitor	마니터
마우스	mouse	마우스
태블릿	tablet	태블릿

노트북	notebook	놋북
책상	desk	데스크
서랍	drawer	드로어
팩스	fax machine	팩스 머쉰
복사기	copy machine	카피 머쉰
전화기	telephone	텔레폰
A4용지	A4 paper	에이포 페이퍼

스캐너	scanner	스캐너
계산기	calculator	캘큘레이러
공유기	router	롸우러
일정표	schedule	스케쥴
테이블	table	테이블
핸드폰	cellphone	쎌폰
스마트폰	smartphone	스맛폰

관련단어 262쪽

재부팅	rebooting	리부팅
아이콘	icon	아이칸
커서	cursor	커서
클릭	click	클릭
더블클릭	double click	더블 클릭
홈페이지	home page	홈 페이지
메일주소	e-mail address	이메일 어드레스
첨부파일	attached file	어태취드 파일
받은편지함	inbox	인박스
보낸편지함	outbox	아웃박스
스팸메일	spam mail	스팸 메일

| 댓글 | comment | 카멘트 |
| 방화벽 | fire wall | 파이어 월 |

고용하다	employ	임플로이
고용주	employer	임플로이어
임금/급료	pay	페이
수수료	commission	커미션
해고하다	fire	파이어
인센티브	incentive	인쎈티브
승진	promotion	프러모션
출장	business trip	비즈니스 트립
회의	meeting	미링
휴가	vacation	베케이션
출근하다	go to work	고 투 월
퇴근하다	leave the office	리브 디 어 피스
조퇴하다	leave early	리브 얼리
지각하다	be late	비 레잍
잔업	overtime work	오버타임 월
연봉	annual salary	애뉴얼 쌜러뤼
이력서	resume	레쥬메이
가불	advance	어드밴스
은퇴	retirement	뤼타이어먼트
회식	team dinner	팀 디너

연금	pension	펜션
보너스	bonus	보우너스
월급날	payday	페이데이
아르바이트	part-time job	팟타임 좝
급여 인상	pay raise	페이 뤠이즈

증권거래소	stock exchange	스탁 익스췌인쥐
증권중개인	stockbroker	스탁브로커
주주	stockholder	스탁호울더
주식, 증권	stock	스탁
배당금	dividend	디비던드
선물거래	futures trading	퓨춰스 트뤠이딩
주가지수	stock index	스탁 인덱스
장기채권	long term bond	롱 텀 반드
보험계약자	policyholder	팔러씨호울더
보험회사	insurance company	인슈런스 컴퍼니
보험설계사	insurance broker	인슈런스 브로커
보험에 들다	insure	인슈어
보험증서	insurance policy	인슈런스 팔러씨
보험약관	insurance clause	인슈런스 클로즈
보험료	premium	프뤼미엄
보험금 청구	claim	클레임
피보험자	insured	인슈어드

일반양도 증서	general warranty deed	줴너럴 워런티 디드
파생상품	derivative	디뤼버티브
보험해약	cancellation of an insurance contract	캔썰레이션 어번 인슈런스 컨트랙트
보험금	benefit/ insurance	베네핕/인슈런스
투자자	investor	인베스터
투자신탁	investment trust	인베슷먼 트뤄스트

자산유동화	asset securitization	어쎗 씨큐러리제이션
유상증자	rights issue	롸잇츠 이슈
무상증자	bonus issue	보너스 이슈
주식액면가	par value	파 밸류
기관투자가	institutional investor	인스티튜셔널 인베스터

Chapter 04 무역　　　　　　270쪽

물물교환	barter	바터
구매자, 바이어	buyer	바이어
클레임	claim	클레임
덤핑	dumping	덤핑
수출	export	엑스폿
수입	import	임폿
선적	shipment	쉽먼트
무역 보복	trade retaliation	트뤠이드 뤼탤리에이션
주문서	order sheet	오더 쉿
신용장(LC)	letter of credit	레러 업 크레딭
관세	tariff	태맆
부가가치세	value added tax	밸류 애디드 택스
세관	customs	커스텀즈
관세사	customs broker	커스텀스 브로커
보세구역	bonded area	반디드 에뤼어

관련단어　　　　　　272쪽

박리다매	small profits and quick returns	스몰 프라핏 앤 퀵 뤼턴즈
컨테이너	container	컨테이너
무역회사	trading company	트뤠이딩 컴퍼니
응찰	bid	비드

포장명세서	packing list	패킹 리스트
송장	invoice	인보이스

Chapter 05 은행　　　　　　274쪽

신용장	letter of credit	레러 업 크레딭
주택담보대출	housing mortgage loan	하우징 모기지 로운
이자	interest	인터뤠스트
대출	loan	로운
입금하다	deposit	디파짓
출금하다	withdraw	위드드뤄
통장	bankbook	뱅크북
송금하다	remit	뤼밑
현금인출기	ATM (automated teller machine)	오토메이티드 텔러 머쉰
수표	check	쳌
온라인 송금	on-line remittance	온라인 뤼밋튼스
외화 송금	foreign currency remittance	퍼런 커런씨 뤼밋튼스
환전	exchange	익스췌인쥐
신용등급	credit rating	크레딧 뤠이링

관련단어　　　　　　276쪽

매매기준율	basic rate of exchange	베이직 뤠잇 업 익스췌인쥐
송금환율	remittance exchange rate	뤼밋튼스 익스췌인지 뤠잍
현찰매도율	cash selling rate	캐쉬 쎌링 뤠잍
현찰매입률	cash buying rate	캐쉬 바잉 뤠잍
신용카드	credit card	크레딧 카드

상환	repayment	뤼페이먼트
연체된	overdue	오버듀
고금리	high interest	하이 인터뤠스트
저금리	low interest	로우 인터뤠스트
담보	security	씨큐어리티
주택저당증권	mortgage-backed securities	모기지백드 씨큐리티스
계좌	account	어카운트
적금	installment savings	인스톨먼트 쎄이빙스